LE RACISME ET LE SOCIALISME

LA DISCRIMINATION RACIALE DANS UN MILIEU CAPITALISTE

BEN WOOD JOHNSON

TESKO

TESKO PUBLISHING
Pennsylvanie

Tesko Publishing est une division de *My Eduka Solutions*/BWEC LLC

Le Racisme et le Socialisme : la discrimination raciale dans un milieu Capitaliste / Ben Wood Johnson. — Tesko Publishing ed.

p. cm. — (My Eduka Solutions Book Collections)

ISBN-13 : 978-1-948600-10-1 (livre de poche)
ISBN-10 : 1-948600-10-2

Si vous souhaitez en savoir plus sur Tesko Publishing, veuillez contacter *My Eduka Solutions* à l'adresse suivante.

330 W. Main St. #214, Middletown, PA 17057

Format : Livre de Poche
Disponible aussi en livre électronique format

Première publication imprimée en avril 2019
Imprimé aux États-Unis.

Pour tous ceux qui vivent dans des milieux inhumains

TABLE DES MATIÈRES

Préambule.. *vii*

Introduction *1*

1. Un raciste de gré ou de force............................... 7

2. L'inhérence du racisme....................................... 17

3. Un objet social... 23

4. Acquérir la paix individuelle 31

5. Maintenir la paix collective 39

6. Façons de voir le racisme.................................... 47

7. Une vraie égalité sociale 57

8. Une poursuite noble... 65

9. Nos besoins primaires... 71

10. Trouver un élément palliatif 79

11. Une vue surréaliste...87

12. Les méfaits de l'environnement 93

13. Une approche radicale 101

14. Un péché mortel...107

15. Mettre les blancs en cause 113

16. La nature du rejet humain................................123

17. Un milieu bridé...131

18. Une invention des hominiens 137

19. Besoin d'une équité sociale 147

20. Une justice injuste..153

21. Une injustice juste..159

22. Dépendre de l'autre..165

Conclusion...171

À propos de l'auteur 175

Autres publications 177

Index 181

PRÉAMBULE

CE LIVRE EST INTITULÉ *Le Racisme et Le Socialisme*. C'est un texte assez personnel comme ça. Vous voyiez, je suis un survivant du racisme. Mon expérience avec ce fléau m'a teintée d'une façon indélébile.

À part mon vécu, je pense qu'il y a quelque chose beaucoup plus profonde dans le racisme. Pourtant, cet aspect du phénomène n'est pas bien connu. Ils sont peu nombreux ceux-là qui maitrisent l'ampleur de cette occurrence.

Dans ce livre, j'essaie d'apporter une approche nouvelle dans le débat. J'essaie d'élucider le terme « Racisme » en contexte. Cependant, ce titre est un peu limité sur un point de vue analytique. Cette composition d'idées est un récit plus ou moins aléatoire à propos des termes susdits.

Cette œuvre littéraire est a priori un libellé de mes pensées en ce qui concerne la montée du racisme dans le monde. Nonobstant, mes récits ne sont pas tout à fait empiriques. Ce titre est basé sur des réflexions qui cherchent à dénouer l'expansion du racisme dans un écosystème social quelconque.

À travers ce texte, je relate un lien avéré entre le racisme et le socialisme. J'argumente qu'il y a un lien inextricable entre le capitalisme et la discrimination raciale. Je préconise que ce lien fermente le racisme dans sa forme la plus radicale.

Je ne vais pas parler du socialisme en profondeur. Je ne vais pas non plus examiner les caractéristiques incommodantes du capitalisme. Néanmoins, je cherche à promouvoir une approche cohérente pour déceler l'ampleur du racisme dans un espace social bridé par une mainmise économique, notamment au niveau institutionnel.

PRÉAMBULE

Je reflète tour à tour sur le rôle du milieu social en fermentant le racisme. J'examine les caractéristiques d'un tel décor social. Je discute la nature de toutes formes de discriminations basées sur une question de race ou de classe.

J'explore le racisme en tant qu'un épiphénomène socioéconomique. Je relate les caractéristiques de ce malheur dans un écosystème rentier. Je divulgue ce fléau dans un milieu où le projet social est d'abord une démarche individuelle. J'examine ce qui pourrait expliquer la raison pour laquelle l'humanisme est souvent porté en arrière-plan dans des milieux *inhumains* ou dans des endroits tout simplement *antisociaux*.

Je reconnais que le racisme est un sujet assez compliqué comme ça. Il n'y a pas d'unanimité dans la littérature traitant l'origine du phénomène. Il n'y a pas de consensus en ce qui a trait au développement de cette conjoncture.

Les idées sont confondues en ce qui concerne la montée du racisme. Dans la plus hypothétique des cas, l'origine de ce fléau est inconnue. Malgré tous les obstacles que je viens d'énoncer, je vais essayer d'apporter un tout petit peu d'éclaircissement à propos du sujet.

Si vous voulez savoir un peu plus, vous pouvez voir mes autres titres traitant la problématique du racisme dans le monde. Je vous recommande de lire deux de mes ouvrages en particulier. Il s'agit du texte intitulé « *Le Racisme : C'est quoi ?* ».[1] Il y a aussi le texte titré « *L'homme et le Racisme* ».[2] Ces publications examinent le sujet à fond. À travers celui-ci, cependant, j'explore la manifestation du racisme chez l'homo sapiens sommairement. De toutes les façons, je vous souhaite une bonne lecture.

Ben Wood Johnson, Ph.D.

Le 24 avril 2019

Pennsylvanie/Les États-Unis d'Amérique

Juin 2020

---

[1] Ben Wood Johnson, *Racism: What Is It?*, 1 edition (Tesko Publishing, 2018).

[2] Ben Wood Johnson, *L'homme et le Racisme : Être Responsable de vos Actions et Omissions* (Tesko Publishing, 2018).

INTRODUCTION

LE RACISME est un comportement qui émane d'un instinct propre. C'est une réaction viscérale à une réalité conjoncturelle. C'est une réponse peu anticipée à un état d'être.

Le racisme, en tous lieux et dans n'importe quelle circonstance, est un réflexe naturel. En ce sens, tout le monde est raciste, je crayonne à travers ce factum. Disons plutôt que tout le monde détient cette potentialité. Je reviendrai sur cette idée un peu plus tard.

Pour le moment, disons que le racisme est un évènement autochtone. C'est un sentiment natif du milieu naturel. Mais dans sa forme la plus virulente, le racisme est le produit d'un milieu

1

social quelconque. C'est-à-dire, la société a tendance à faciliter le racisme. Comment appréhender la nature de cette calamité ? Il n'y a pas mil moyens de le faire.

Il y a un lien entre le racisme et le socialisme. D'une façon paradoxale aussi, ces deux concepts, je dirais, se juxtaposent. En d'autres termes, tout examen du phénomène doit commencer par une exploration du milieu social où il fait rage. Pour mieux comprendre ce qu'est le racisme, il faut tout d'abord appréhender l'essence du socialisme. Il faut aussi rationaliser les méfaits de l'absence du socialisme dans un milieu social. C'est précisément ce que je propose dans ce petit pamphlet.

Dans les prochains chapitres, je vais argumenter que la réalité de l'homme est émaillée de situations qui invitent le racisme. Puisque l'homme évolue dans un cercle social, tout ce qu'il fait est programmé. Tout ce qu'il omet de faire est relatif au niveau de tolérance qui caractérise le milieu où il évolue.

Dans un espace matériel où l'humanisme est en *exergue*, l'être humain est aussi en *relief*. Dans un climat social où tout sauf l'être humain est en

INTRODUCTION

exergue, l'humanisme n'est nulle part. C'est une atmosphère inhumaine. C'est une société submergée dans la haine. C'est un lieu imbibé dans le dédain. C'est un environnement imprégné par la discrimination raciale. C'est un endroit caractérisé par une exclusion sociale sans pareil.

Dans de tels univers, l'humanoïde se juxtapose à son homologue. Il le fait pour tout et pour rien. À ce point-là, l'homme n'a aucun motif pour s'abstenir dans son être. Il n'éprouve aucune nécessité de restreinte. Il est largué dans le milieu où il évolue.

Dans de tels décors de société, l'homme répond à ses désirs les plus instinctifs. Il succombe à ses volontés les plus primitives. Il veut se défendre contre sa personne.

L'homo sapiens devient une bête féroce contre lui-même. L'homme devient un antagoniste aux autres membres de l'environnement. Il est prêt à tout faire pour se défendre contre tous ceux-là ou toutes celles-là qu'il pourrait percevoir comme une menace pour sa survie à long terme. Ces moments peuvent aussi bien inciter l'homme à se distinguer des autres pour se sauvegarder soi-même.

En dépit de tout, l'homme peut se voir sous une lentille perfective. Il peut se sentir différent des autres. Il peut se voir comme un être suprême par rapport à ses pairs. Il peut rejeter son homologue. Mais il ne peut le faire que par rapport à son abjection de son être.

La façon dont l'homme se distingue de soi-même ne peut être que le résultat d'une vue subjective de l'autre. Mais cette vue de l'autre ne peut être assimilée qu'au racisme, et ceci dans son sens le plus fondamental. Ainsi, le racisme, comme on le connait ou du moins comme on le comprend, est d'abord un rejet de soi.

Je vais maintenir dans cette diatribe que le socialisme est le seul remède qui puisse apaiser le racisme dans son élan le plus fulgurant. Pour corroborer ce point de vue, je vais épier la nature du racisme. Je vais explorer le concept en contexte. Nonobstant, je vais seulement le faire sur un point de vue socioéconomique. Laissez-moi examiner le sujet un peu plus à fond pour mieux déceler l'origine de ce fléau dans le monde des hommes.

CHAPITRE I

UN RACISTE DE GRÉ OU DE FORCE

BIEN QUE LE RACISME soit inné dans l'environnement naturel, il existe aussi dans le biotope social. En effet, le racisme est beaucoup plus dommageable dans le milieu social que vous pourriez l'imaginer. Tout aussi vrai, ce fléau est dormant chez l'homme.

Le racisme est une réalité incontournable chez l'être humain. C'est une façon d'être qui est indissociable de la conjoncture de ce dernier. Est-ce que cela veut dire que l'homme est un raciste de gré ou de force ? Ce n'est pas forcément le cas. Toutefois, examinons cette question un tout petit peu plus loin.

LE RACISME ET LE SOCIALISME

L'homme n'a aucun contexte du racisme au départ. Il est inconscient de cette réalité au cours de la phase de sa couvaison (maternelle). L'homme n'est pas né raciste, même quand il a cette potentialité depuis sa naissance.

Il est aussi vrai que l'homo sapiens est incliné vers le racisme. Cela va de soi, l'homme n'est pas un raciste comme condition de survie. Il doit d'abord concrétiser son dédain pour soi. L'homme doit apprendre à matérialiser son dégout pour son homologue.

Bien que le racisme soit toujours présent dans les alentours de l'homo sapiens, l'homme n'est pas initialement antagonique à l'égard de son homologue, ou du moins, il ne l'est pas d'une manière intrinsèque. L'homme n'est pas un raciste par hasard ou par erreur. Il doit apprendre à devenir ainsi. Mais il doit s'entrainer soi-même.

L'homme apprend à développer un sentiment dévergondé pour lui-même. Il apprend à abhorrer l'autre. Cependant, il doit trouver un moyen pour justifier ses sentiments les plus impudiques à l'égard de son homologue. C'est cela le racisme.

UN RACISTE DE GRÉ OU DE FORCE

L'homme apprend à devenir une chimère. Il apprend à se radicaliser dans son monde. Il apprend à se mépriser. Il apprend à dédaigner l'autre. Il apprend à se méfier de soi. Il apprend à se méfier d'autrui. Il apprend à se faire du tort.

L'homo sapiens n'est pas un raciste dans un contexte inhérent. Il doit d'abord se découvrir dans le monde pour s'y cacher. Le racisme devient une façon qui permet à l'homme de s'apercevoir dans sa nature. C'est une façon pour lui de s'exhiber en dehors de toute restriction morale ou d'autres restrictions sociales ou même juridiques.

L'homme est en quête d'une identité propre dans la nature. C'est ainsi depuis sa naissance. Le racisme lui donne une identité qui lui est chère. Cette indépendance lui permet de se distinguer d'autrui.

Le racisme est un sentiment impudique. C'est un réflexe maléfique. Vraiment, cette inclination fait surface chez l'homme dans des contextes sociaux bien déterminés. Le racisme est un acte consciencieux ; il est relatif à un entourage social bien déterminé.

LE RACISME ET LE SOCIALISME

Le racisme est un état naturel. Il résulte souvent d'un sentiment de peur inhérent chez l'homme. Naturellement, celui-ci découle souvent d'un sens de panique continuel dans le cercle où l'homo sapiens évolue.

Le racisme est le dérivé d'un sentiment d'un ressentiment. C'est le résultat d'un acte passionnel. Le racisme dérive des secousses d'un souci de réticence. C'est le résultat des retombées d'une passion fausse. Le racisme dérive des méfaits d'une intempérance.

Le racisme est une façon à l'homme pour exprimer sa colère la plus viscérale. C'est une façon pour lui de vanter ses frustrations les plus ardentes. C'est sa manière de faire déroute à ses déceptions les plus intimes.

L'homme ne se comporte pas de ce genre d'une manière quotidienne. Il faut reconnaitre que l'humanoïde détient la potentialité de se comporter d'une manière chauviniste. L'homme peut être malicieux à chaque instant de son existence.

Le racisme est toujours présent chez l'homme. C'est ainsi dans tous les recoins de son âme. Il ne peut que s'y faire ou il ne peut que se laisser faire.

À partir du moment que l'homme devient conscient de son être dans le monde, il nourrit un sens d'aliénation. Ce sentiment d'isolation incite la peur chez ce dernier. Cet état d'isolement continuel incline celui-ci vers le racisme. Le racisme, à son tour, engendre la violence dans le comportement de l'homo sapiens envers les siens.

Je ne vais pas argüer que l'homme est un animal sans aucun sens d'amour. Je ne vais pas dire non plus que l'homme est bon de par sa nature. La longanimité n'est pas inhérente chez l'homme. Ce dernier a un penchant vers la méchanceté. Dans ses fibres les plus fines, l'homme est incliné vers la barbarie. Il est susceptible à la malveillance. Il nourrit une faiblesse inégalée vers la sauvagerie.

Je ne peux pas exclamer que l'homme est diabolique de naissance. Celui-ci a une propension vers la bienveillance et la bienfaisance. Néanmoins, la magnanimité de l'homme ne dépasse pas son orientation vers la désobligeance ou à la désuétude. L'homme détient la potentialité pour être à la fois bon et mauvais.

C'est avec le temps que l'homme succombe à ses désirs pernicieux à l'égard de l'autre. C'est avec le temps qu'il apprend à devenir mauvais. C'est avec le temps que le cercle social facilite cet apprentissage. C'est avec le temps que l'homme apprend à apprécier le monde dans sa bonté et dans son malheur. Mais le milieu social pérennise les sentiments les plus malsains dans le cœur de l'homme.

L'homme est d'abord un produit social. Il n'est pas surprenant que ce dernier soit toujours en quête de sérénité. En effet, l'humanoïde est toujours à la recherche de la convivialité. Malgré cela, les hommes ne se voient pas égaux dans le sens profond du terme.

Le concept d'égalité chez l'homo sapiens est une idée fixe. C'est une notion abstraite. C'est surtout une réalité qui a des effets intangibles. Ainsi, l'homme ne croit en aucune notion d'égalité, et ceci pas même aux creux de son âme. Comme résultat, le racisme fait rage dans le milieu social.

UN PRODUIT SOCIAL

CHAPITRE II

L'INHÉRENCE DU RACISME

LE RACISME EST un malaise. Mais c'est d'abord une anomalie mentale. Bien que celui-ci soit inhérent dans la nature, ses effets sont beaucoup plus néfastes dans une ambiance sociale. Dans ce sens, on peut dire que le racisme est préalablement un produit social. C'est la société qui rend possible l'aggravation de ce fait. Seulement la société pourrait assouvir les maux qui émanent de ce fléau.

La dépendance sociale est une cause canalisatrice du racisme. La discrimination raciale perdure à cause de cette dépendance. Cette dépendance est renforcée par des raisons de race, mais plus souvent de classe. Le racisme est tout d'abord le résultat d'une différence entre les couches ethniques dans un décor social. Généralement, le racisme est basé sur une question de culture. C'est souvent une affaire d'origine ancestrale.

La lutte entre les races et les classes se fait quotidiennement dans l'univers social. Toutefois, la dépendance du milieu rend précaire l'existence de certains groupes. Ceux qui bénéficient du milieu justifient cette réalité en fonction d'une idéale qui est dogmatique en nature.

Certains disent que Dieu est le responsable de la réalité de l'homme dans le monde. De leur point de vue, Dieu les bénit. Sinon, ils sont les progénitures d'une race arienne ou une race autrement pure et lumineuse. Ils sont les héritiers d'une civilisation hors pair dans toute l'histoire de la race humaine. Je dirais plutôt que cette vue contribue aussi au racisme, ou du moins, elle a cette potentielle.

Je ne suis pas sûr de vous avoir convaincu dans les paragraphes précédents que le monde n'est pas aussi simple que de dire « Chacun pour soi, Dieu pour tous ». Je ne suis pas certain de vous avoir démontré que la vie n'est pas aussi facile que *de faire* ou de *ne pas faire*. Je ne suis pas prémuni de vous avoir convaincu d'accepter que l'existence humaine ne soit pas aussi superflue que *d'être* ou de *ne pas être*. En tous les cas, laissez-moi développer cette idée un peu plus.

Être dans le monde n'est qu'une phase initiale de l'être. Pour exister au-delà de la chance, plus particulièrement pour subsister de façon confortable dans le milieu naturel, il faut que l'être soit capable de maintenir son existence en cohérence. Il faut aussi bien que l'être soit capable de maintenir son existence à travers son essence.

De temps à autre, endiguer cette existence dans le biotope social est difficile. D'autres fois, c'est impossible, surtout dans un milieu qui est bridé par une mainmise, et ceci que cette appropriation soit morale, mentale, légale (juridique) ou même religieuse. Il est néanmoins plausible que l'être soit dans le monde à partir d'un ensemble de facteurs.

Le problème c'est que beaucoup de ces facteurs sont souvent prédéterminés. Dans des cas pas tout à fait étranges, l'être n'a rien à dire dans le développement de son existence proprement dit. L'individu n'a point de contrôle sur son propre destin. L'individu n'est pas libre. Il n'est pas en liberté non plus.

L'être devient une entité qui ne peut être que lorsque les autres lui permettent d'être. L'être devient inconséquent sur la longueur d'onde. L'être est juste un *être* parmi d'autres *(êtres vivants)*.

Un autre problème c'est que même cet état d'être est souvent difficile, voire tout simplement impossible dans certains cas. Dans de telles circonstances, l'être est réduit à un état de rien. L'être devient le néant. Cet état d'être, je vais faire écho, n'est pas toujours un effet malencontreux du hasard.

Dans le sens le plus impudique, le racisme n'est pas le résultat de la nature. La discrimination raciale n'est pas forcément une retombée de la malchance. Le racisme n'est surement pas à cause d'une déveine prophétique. Ce n'est même pas le résultat d'un malheur fatidique.

CHAPITRE III

UN OBJET SOCIAL

L'HOMME EST un *objet* dans le milieu social, ou du moins, il se considère ainsi. La plupart du temps, l'homo sapiens se traite comme une chose dans sa frivolité la plus affreuse. Dans des milieux similaires, l'humanisme est relatif à des conditions capricieuses.

C'est l'hominien lui-même qui doit déterminer sa valeur intrinsèque. Cette réalité invite la discrimination. Mais celle-ci est souvent basée sur une question de race et de classe. Du même coup, cette réalité incite une exclusion sociale ardente.

Si le milieu social n'entretient pas des lois ou des règles pouvant garantir un mécanisme pour la concrétisation d'un état d'inclusion sociale, l'humanisme ne serait rien qu'une aspiration divine dont seulement certains hommes auraient le droit d'y penser ou même à en expérimenter. L'homme deviendrait le joujou de son sentiment à l'égard de soi ou à l'égard d'autrui à un moment donné. Il déciderait de façon arbitraire si l'autre mérite la même candeur dont il se considèrerait un héritier de sang. Cela implique que bien souvent, nous ressentons la façon dont notre espace social veut nous faire sentir. Nous sommes souvent la façon dont notre réalité conjoncturelle veut que nous soyons dans le monde.

Peu importe, qui nous sommes et où nous sommes, nous sommes le produit de notre entourage social. Nous sommes ce dont la société veut que nous soyons. Mais cette réalité n'est pas toujours évidente.

Oui, certains de nous sont au courant de la calamité dans laquelle nous évoluons. Nous avons également tendance à refuser de faire quoi que ce soit pour changer cette réalité, car elle nous arrange souvent bien des choses. Pour la plupart, cet état d'être nous convient très bien. J'admettrais que c'est tout à fait compréhensible.

UN OBJET SOCIAL

S'il vous arrive d'être le bénéficiaire d'un cercle maléfique, vous auriez peu ou pas d'incitation à modifier ce milieu. Vous deviendriez le complice de ce qui se passe dans ce milieu. Vous deviendriez complaisant à la malveillance qui sévit dans la société. Ce serait le cas bien que vous ne soyez pas un malveillant dans l'être. Ce serait aussi le cas bien que vous compreniez la souffrance des autres dans le milieu.

Vous chercheriez peut-être à soulager la pénitence, la mélancolie ou l'état de déboire qui caractérise l'environnement. Vous pourriez aider ceux qui souffrent de l'emprise du milieu social à travers des œuvres de charité ou par d'autres moyens. Vous pourriez chercher à les aider le plus longtemps que possible. Mais vous ne feriez rien pour chasser le mal qui définit le biotope en soi.

Au fur et à mesure, vous deviendriez un symbole du cercle social. Vous deviendriez une inspiration pour beaucoup. Vous deviendriez la matérialisation de l'environnement. La plupart du temps, vous porteriez l'étendard de l'injustice qui caractérise le domaine social. Vous

25

deviendriez un objet social. En fin de compte, vous vous comporteriez comme un raciste.

EN QUÊTE DE LA PAIX

CHAPITRE IV

ACQUÉRIR LA PAIX INDIVIDUELLE

COMMENT COMPRENDRE LE racisme dans des milieux où la paix individuelle est relative à des conditions indépendantes aux désirs capricieux de la personne dont le comportement est relatif aux désirs peu lumineux d'une collectivité soumise ? Est-ce qu'on peut parler de paix quand ce que cette paix est ou ce que cette paix pourrait être est souvent relatif à des aspirations chimériques ? De quelle paix parlons-nous ?

Il y a une présomption que le monde serait meilleur si la paix y régnait toujours. Pourtant, je ne suis pas sûr que ce soit le cas en tous les cas. C'est plutôt un point de vue utopique de la réalité de l'homme. N'empêche que des gens ont dédié toute leur vie en quête de la paix.

D'autres ont œuvré ardemment pour que la paix règne dans le monde. Beaucoup de personnes se considèrent des amants de la justice. Ils gribouillent à tout bout de champ qu'ils rêvent d'un monde sans malheur. Ils rêvent d'un monde sans pleurs.

Je ne suis pas contre la paix. Je ne suis pas nécessairement opposé à un tel point de vue. Toutefois, j'argumenterais que c'est peut-être une approche surréaliste de la réalité de l'homme dans son monde.

La paix, au prime abord, c'est une idéale qui va à l'encontre de la réalité de l'homme. La paix globale, comme on dit, c'est une poursuite chimérique. C'est incontestablement le cas sans préconiser la paix individuelle.

La paix que beaucoup cherchent de manière infatigable est un fourvoiement. C'est une idéale qui ne se matérialisera jamais. Le terme *la paix*, dans son sens le plus terre à terre, est une prospection imaginaire. La chasse à la paix devient une idée fixe ; rien que cela. Quelquefois, le prix de la paix est un symbole de prestige ou c'est un signe de noblesse.

La plupart du temps, ceux qui portent le symbole de cette paix sont contre la paix. Ils sont des fauteurs de troubles. Ils préconisent l'apaisement social pour masquer le fait qu'ils fermentent la haine. Ils fermentent le dédain. Ils préconisent l'infamie. Ils incitent l'injustice. Ils encouragent l'apathie dans tous les cœurs.

Habituellement, ces gens-là fermentent le racisme à un point tel ou ils deviennent des défenseurs de ce fléau. C'est vrai, ils se disent amants de la justice. Dans leur cœur, cependant, ils sont des ennemis de la justice. Bien sûr, ils se disent des amis de la paix. Dans les recoins de leur âme, pourtant, ils sont des inhumains.

Ils n'ont qu'un seul Dieu. C'est soi-même. Ils croient seulement en eux. Ces gens-là ne croient en personne d'autre à part eux-mêmes.

La paix ne peut pas être matérialisée à un point où il devient palpable. La paix est antagonique à la nature de l'homme. C'est antithétique à la nature elle-même. La paix, tout au moins comme l'homme la conçoit, symbolise la mort de la nature.

LE RACISME ET LE SOCIALISME

La paix, du point de vue d'un homo sapiens, c'est le néant. La paix, c'est le silence. La paix, c'est la fin de tout ce qui est humain. Nonobstant, la paix est une nécessité pour la convivialité entre les hommes.

Il est noble d'œuvrer pour la paix, peu importe sa nature. Toutefois, la paix ne peut pas être un signe de noblesse. Elle ne peut pas être un statut social non plus.

La paix ne peut pas être un tremplin de prestige. Elle ne peut pas être une effigie de grandeur morale. Elle ne peut certainement pas être un symbole de pureté mentale et de vertu. Ainsi, la paix ne peut pas être un signe d'aristocratie, que ce soit sur le plan intellectuel ou autre.

Si c'est la seule façon dont nous pouvons concevoir la paix, ce qui dérive de cette conception ne peut pas être pacifique en nature. Cette paix, une fois acquise, ne peut être que passagère. Ce serait une idée fixe. Ce serait une idée intangible dans l'ensemble.

En disant cela, je n'insinue pas que la paix entre les hommes soit une affaire de préférence. Je ne dis pas que la paix en elle-même soit impossible. Les hommes ont besoin de la sérénité dans leurs cœurs. Mais les hommes doivent comprendre ce qu'est la paix, et ceci en premier lieu, pour parvenir à ce stade. Sans quoi, on ne pourrait jamais parler de la paix collective, surtout dans un environnement social.

Pour qu'il y ait de la paix dans le monde, il faut qu'il y ait de la paix dans l'âme de chaque individu qui évolue dans ce monde. Pour qu'il y ait de la paix dans l'âme de chaque individu, il faut que l'environnement social pérennise cette paix. Pour qu'un environnement patronne et perpétue de la paix, il faut qu'il y ait un souci d'une vraie égalité entre les membres de l'univers social. Il faut que tout le monde soit égal, non seulement aux yeux de l'autre, mais autant qu'aux yeux de la société elle-même.

La société doit mijoter la paix individuelle. L'individu, à son tour, doit faire de son mieux pour bouillonner la paix collective. Il doit le faire non seulement avec lui-même, il doit pareillement le faire avec l'autre. C'est l'essence de la paix sociale. C'est ce qui apporte un sens d'équilibre au genre humain dans une ambiance restrictive et fatidique comme la société est souvent structurée.

Quand l'individu vit en paix, il se comporte de manière qui pérennise cette paix. Quand l'individu préconise la paix, il ne fermente point la haine dans son cœur. La pérennisation de la paix individuelle peut conduire vers la préconisation de la paix sociale.

La paix sociale, dans son sens le plus sommaire, c'est un catalyseur de sérénité quant au niveau local qu'au niveau mondial. Quand une société traite ses citoyens avec respect et dignité, les citoyens ont tendance à traiter ses concitoyens avec pudeur et décence. Le racisme, dans son sens le plus fondamentale, va à l'encontre de toute notion de quiétude individuelle.

CHAPITRE V

MAINTENIR LA PAIX
COLLECTIVE

QUAND UNE SOCIÉTÉ pérennise les conditions qui facilitent le racisme, elle contribue à sa propre destruction, tout au moins à long terme. La société peut inciter les membres d'un espace social à se comporter d'une manière infâme. L'individu aurait tendance à se défaire de l'emprise sociale.

L'individu aurait tendance à se distancier de l'emprise morale qui caractérise le milieu. Il aurait tendance à se démarquer de tout autre mécanisme qui régit son comportement dans le biotope. Il aurait tendance à se dissocier du milieu.

LE RACISME ET LE SOCIALISME

Dans de telles circonstances, l'individu pourrait devenir sociable. Il pourrait se comporter comme une bête sauvage. Il pourrait se sentir largué dans le décor social, et ceci à l'instar de la nature. Il pourrait ne pas éprouver aucun sens de restreint. Il pourrait ne point se sentir circonscrit aux prescrits religieux. Il pourrait ne point s'adhérer aux attentes du milieu social. Il pourrait ne point s'abdiquer à certaines restrictions légales en vigueur. Il pourrait même ne plus s'abstenir aux limitations juridiques du cercle social. Dans de telles circonstances, l'individu pourrait devenir son seul maitre. Il pourrait devenir son ultime seigneur.

L'individu pourrait devenir nocif pour la collectivité. Il pourrait aussi devenir un danger pour lui-même. Il pourrait devenir un péril pour les autres membres du milieu. En gros, l'individu pourrait devenir une bravade imminente pour la paix.

À ce point-là, le racisme deviendrait une manifestation indéniable du dégout que l'individu ressent pour soi. Un comportement raciste deviendrait un tremplin pour que l'individu exprime son dédain envers certains groupes dans l'ensemble social. Le racisme deviendrait le symptôme d'une maladie beaucoup plus profonde dans la société. Le racisme serait un signe irréfutable d'un malaise social irréversible.

Le dénouement du racisme serait une indication que la société soit en marge d'une explosion ou une implosion imminente. Ce serait un indice que la paix n'est pas au beau fixe. Ce serait un soupçon que la paix ne règnera jamais dans ce milieu. Ce serait une société marquée par la haine. Cette dernière serait hantée par le mépris. Elle serait dominée par le dédain. Elle serait aussi submergée dans l'antipathie.

Inexorablement, le racisme deviendrait un prétexte pour l'intolérance. Ce serait une voie vers l'infamie. Ce serait un mécanisme de défense contre ceux-là dont l'individu percevrait comme un danger pour lui-même. Le racisme deviendrait un instrument de haine. Ce serait un déclencheur de toutes sortes de violences contre les autres. Le racisme deviendrait une menace flagrante pour la paix individuelle. Il deviendrait une admonestation incontournable pour la paix collective.

Quand le racisme devient une menace pour la paix collective, il deviendrait aussi un obstacle inéluctable pour la paix sociale. Quand le racisme devient un embarras pour la paix sociale, il deviendrait aussi un forfait fatidique pour la paix régionale. Il deviendrait aussi bien une menace pour la paix globale. Quand le racisme est un fait indéniable du milieu social, il deviendrait aussi une source de conflit à l'échelle mondiale.

C'est peut-être ça le danger le plus poignant du racisme dans le monde des hommes. C'est peut-être ça l'effet le plus néfaste du phénomène. C'est peut-être ça aussi la cause la plus saillante de ce fléau.

Le racisme, plus on le tolère, plus ça grandit. Plus ça grandit, plus ça devient incontrôlable. Plus ça devient incontrôlable, plus ça perdure dans l'entourage social et devient la norme de l'environnement.

Pourquoi le racisme fait rage dans certains milieux et non pas dans d'autres endroits ? Pourquoi cette attitude est une réalité inescomptable dans des milieux où l'homme est censé avoir évolué dans de contexte civilisé ? Pourquoi la discrimination ou de l'exclusion basée sur l'intolérance raciale est de mise dans certains endroits et non pas dans d'autres milieux sociaux ? Pourquoi les notions d'humilité sont tardives chez l'homme ? Pourquoi l'homme est raciste ? Pourquoi l'humanoïde tend à se rejeter ? Je n'ai pas une réponse indéniable à ces questions.

Je rétorquerais tout de même que nous sommes tous un peu racistes. Ceci étant dit, je dois réitérer que le racisme n'est pas un châtiment personnel. À un certain degré où à un autre, nous avons tous les semences du racisme à l'intérieur de nous.

Il revient à nous (les hommes) de nous débarrasser de tout sentiment impudique à l'égard de nous-mêmes. Justifier des sentiments malsains n'est jamais une approche intelligente. Fermenter la haine n'est pas une solution probante à nos malaises. Ensemencer le dédain n'est jamais une façon sereine de vivre avec nous-mêmes.

LE RACISME ET LE SOCIALISME

Qu'est-ce qui arrive quand le racisme est le produit d'un milieu social ? Qu'est-ce qu'il faut faire quand le racisme est une mode de vie en soi ? Quelle approche doit-on adopter quand le racisme est le résultat d'une réalité économique et même culturelle ? Pour le dire, je n'ai pas de réponse concordante.

CHAPITRE VI

FAÇONS DE VOIR LE RACISME

IL Y A DEUX FAÇONS d'apercevoir le racisme dans le monde des hommes. Il y a le racisme naturel. Il y a aussi le racisme conjoncturel. J'admets que ces deux formes sont un peu nuancées, surtout dans la pratique.

Le racisme naturel, par exemple, est basé sur une différence interraciale. C'est une différence d'espèces. C'est une incongruité entre les espèces. Dans ce contexte, je me réfère à une différence entre les espèces qui évoluent sur la terre.

Le racisme conjoncturel, par contre, est basé sur une différence cutanée. C'est le cas pour la race humaine. Je dirais tout de même que cette forme de racisme est intraraciale. Dans cette optique, je me réfère à une forme de racisme qui émane à partir d'une différence épidermique. Je me réfère aussi à une délinéation physique ou ethnique entre les membres d'une même espèce.

Le racisme est souvent basé sur une appréciation subjective de l'autre. Il est un état naturel d'être dans le monde. Le racisme conjoncturel en soi c'est une délinéation raciale. C'est une délimitation des espèces. Dans le cercle social, le racisme est une délinéation entre les membres d'une même espèce.

Si je me voyais différent par rapport avec un lion, je serais incliné à me dissocier de la réalité de tous les lions dans mon milieu. Si je me voyais différent par rapport avec un arbre, je serais incliné à me distinguer de la réalité de tous les arbres dans la nature. Mais si je voyais mon monde à partir d'une telle lentille, ce serait du racisme dans son sens le plus rudimentaire. Toutefois, cette forme de racisme, je dois l'avouer, serait naturelle.

Le racisme, dans son sens le plus marginal, peut se comprendre à partir d'une discrimination ou un état d'exclusion. Dans ce cas, l'entité ou l'individu fait un constat. Ce constat est basé sur la dissemblance qui existe entre l'individu en question et les entités qui évoluent dans un milieu quelconque. En d'autres termes, le racisme est un façonnage assez subjectif comme ça de l'autre.

La nature engendre parfois le racisme chez l'homme. En disant cela, je ne cherche pas à justifier ce phénomène. Quelquefois, ce genre de discrimination ou cette forme d'exclusion est nécessaires pour la survie d'une entité ou d'un individu à long terme. Laissez-moi approfondir un tout petit peu sur cette notion avant d'aller plus loin dans cette ligne de pensée.

Si je me voyais différent par rapport à *Petit Jean*, que ce soi à cause de notre nuance épidermique, à cause de notre origine ancestrale, à cause de notre singularité culturelle ou à cause de notre façon d'être dans le monde, ce serait un point de vue raciste. Si j'arrivais à traiter *Petit Jean* différemment, et ceci à cause de notre différence apparente ou perçue, ce serait du racisme conjoncturel. Je serais un raciste à partir de mon comportement à l'égard de *Petit Jean*. Ce serait ainsi à partir de mon attitude à l'égard de ce dernier.

Quand il s'agit du racisme dans son sens le plus élémentaire, mes agissements sont tout ce qui compte. Il se pourrait que je ne me considère pas comme un raciste. Il se pourrait que je ne me voie pas ainsi à l'égard de *Petit Jean*. Mais mon appréciation de moi-même, ma perception de ma personne ou mon propre examen de mon comportement à l'égard de *Petit Jean* serait sans aucune importance. Ce qui prévaudrait serait la façon dont je me comporte par rapport à la manière dont les autres se comportent dans le milieu social.

Pour le redire sans équivoque, le racisme est d'abord un comportement naturel. Toutefois, le milieu social facilite les conditions qui rendent propice l'avènement de ce fléau. Quand il s'agit de la discrimination, que ce soi au niveau racial ou autre, c'est la collectivité qui donne le ton.

Il y a le racisme naturel. Il y a aussi le racisme conjoncturel. Mais toutes formes de racisme, je dois le dire, sont préjudiciables pour les humains. Toutes formes de discrimination ou d'exclusion, qu'elles soient raciales, sociales, économiques ou autres, permettront aux membres de l'espèce humaine de s'autodétruire.

Toutes formes de racisme permettront à la dénaturalisation du genre humain. Un comportement discriminatoire, peu importe sa nature, souscrit à la déshumanisation de l'homme. Ainsi, toute société qui accepte le racisme sous une forme ou sous une autre est vouée à un effondrement social, et ceci tôt ou tard.

Le racisme c'est le rejet de soi-même. C'est la dénégation de la race humaine dans son éloquence la plus naturelle. Le racisme c'est l'inacceptation de son genre. Dans ce cas, je veux parler du genre humain.

Malencontreusement, c'est l'essence du genre de racisme qui caractérise la réalité humaine dans le monde moderne. C'est l'essence de la réalité fataliste du phénomène. Le racisme dilapide la race humaine. C'est cela l'aspect le plus avilissant de la déchirure interne que confronte l'humanoïde.

Le milieu social est censé fournir un répit à l'homme contre le racisme. La société est censée protéger l'homme contre les méfaits de ses propres malices. Le milieu social est censé prévenir les mauvaises tendances de l'humain. Il est aussi vrai que ce n'est pas toujours le cas. La plupart du temps, le cercle social facilite le racisme. Il le fait dans une forme fétiche. C'est cela le décalage que j'essaie de pointer du doigt à travers ce texte.

ÉGALITÉ SOCIALE

CHAPITRE VII

UNE VRAIE ÉGALITÉ SOCIALE

AU COURS DES DERNIERS millénaires, la race humaine a beaucoup évolué. Sur le plan technologique, l'homo sapiens est très avancé, et ceci par rapport aux autres mammifères qui évoluent dans le milieu naturel. Cependant, nous (je veux dire, les hommes) sommes toujours à un stade végétatif. Nous sommes toujours des carnivores. Nous sommes toujours des cannibales en liesse.

Nous répondons toujours à nos instincts les plus primitifs. Nous sommes toujours à un stade animal. Bien entendu, nous voudrions être à un stade de machine. Mais nous ne pouvons pas nous défaire de notre nature inhérente, et ceci quoi qu'on dise ou quoi qu'on fasse.

Il est vrai que pour la plupart, nous avons abdiqué la sauvagerie pour la civilisation. Il est aussi vrai que nous avons renoncé à vivre dans les bois. Il est irréfutable que nous avons choisi l'urbanisme. Il est indéniable que nous avons choisi de vivre dans des milieux moins nocifs. Et pourtant, nous continuons à nous entretuer comme des barbares.

Nous dépendons de la chair des autres pour verdir la nôtre. Nous dépendons des autres pour pérenniser notre survie à long terme. Pourquoi nous exterminons dans l'espace naturel afin de nous graver une place dans le milieu social ? À dire vrai, je n'ai pas une réponse conforme. Malgré cela, il faut dire que quoi qu'on dise ou quoi qu'on fasse, nous sommes condamnés à être nous-mêmes.

Notre instinct de chasseur fait de nous des gibiers. Nous devenons des otages de nos propres malices. Nous devenons des martyrs de nos propres iniquités. Nous devenons victimaires de nos propres méchancetés.

UNE VRAIE ÉGALITÉ SOCIALE

L'envie de nous haïr est palpable dans notre âme. Le désir de nous exterminer nous dépasse souvent. Nous sommes à la fois les chasseurs et les gibiers de l'espèce humaine. Nous nous entretuons pour ne pas nous entretuer. C'est cela notre réalité dans notre monde.

L'homme est un adversaire mortel pour soi. Il est le malheur de son espèce. L'homme est un danger pour lui-même. Mais pourquoi est cela notre réalité ? Je n'y comprends rien.

Ce qui est certain c'est que la société aurait dû alléger les maux de l'espèce humaine. Nonobstant, l'atmosphère sociale est devenue extrêmement incommodante pour l'hominien. Il vaudrait mieux que nous retournions dans les jungles.

Je me demande pourquoi est cela notre matérialité dans un monde qui aurait dû être pacifique ? Pourquoi haïssons-nous autant ? Là encore, l'ignorance de soi et l'ignorance de l'autre en ont pour beaucoup.

Il y a un aspect important dans le débat qu'il faut tout de même déceler. Dans ce cas, je fais référence à la société elle-même. L'humanoïde est sous l'emprise du milieu social. Il ne peut pas se défaire du noyau collectif où il évolue. Toutefois, ce milieu est néfaste pour ce dernier. C'est ça la tragédie de l'homo sapiens.

Un autre problème c'est que l'environnement social nécessite parfois un déséquilibre entre les hommes. Il peut convenir le biotope que nous nous entretuons. C'est la réalité de l'homme dans le cercle social.

Il y a déjà des siècles que beaucoup d'intellectuels, des philosophes et des penseurs (non borné sur le plan idéologique, je dirais) se sont mis d'accord que le monde a besoin d'un apaisement social. Jusqu'à ce jour, j'exclamerais, personne n'a pu trouver une formule magique pour discerner une solution à long terme aux maux les plus désastreux de la réalité des hommes dans le monde.

Des théories, il y en a eu beaucoup. Que ce soit le maoïsme, le socialisme, le communisme ou bien le capitalisme, l'idée centrale c'est d'achalander un aphorisme peu destructif pour permettre l'amélioration des conditions de vie de tout un chacun.

Il faut le dire aussi ; la plupart des théories susmentionnées n'ont pas su améliorer les conditions de vie des hommes dans l'entourage social. Il est indéniable que certaines approches sont beaucoup plus néfastes que d'autres. Beaucoup de gens, par contre, profèrent un penchant inégalé pour le socialisme.

Je ne vais pas rentrer dans les détails en ce qui concerne les grandes théories qui ont fait des vagues dans l'histoire de l'humanité. Pourtant, le socialisme parle d'une égalité entre les hommes. Bien sûr, cette égalité, il faut préciser aussi, doit être économique en nature.

LE RACISME ET LE SOCIALISME

CHAPITRE VIII

UNE POURSUITE NOBLE

EN THÉORIE, l'égalité sociale est une poursuite noble. Mais c'est aussi une manière idoine de voir le monde. En pratique, cependant, toute notion d'égalité est une poursuite fictive. Tout principe d'égalité va l'encombre de la nature humaine.

Les hommes ne sont pas nés égaux. Ils sont plutôt nés sur un champ égal. Ce champ c'est la nature.

Tous les hommes ont les mêmes opportunités dans le milieu naturel. Dans la nature, il n'y a pas d'ordre social. Il n'y a pas d'ordre structurel.

Dans le naturel, la potentialité d'un seul homme est similaire à celle de tous les hommes. Les potentialités de tous les hommes sont les potentialités de l'espèce humaine. Être un homme c'est d'être un humain d'abord.

Être un humain c'est se reconnaitre dans la nature. Se reconnaitre dans la nature c'est d'accepter les consignes du milieu. Toute forme d'égalité entre les hommes dans la nature est éphémère en nature. Et alors, l'égalité est d'abord un concept humain.

Pour une raison ou pour une autre, l'égalité a toujours été un souci fondamental chez l'homme. L'histoire de l'humanité est émaillée de moments où les hommes ont œuvré pour une vie meilleure dans leur environnement. Mais la réalité de l'homme est marquée par des conditions de tristesses et de calamités. Même les révolutions les plus sanglantes n'ont pas pu changer le sort de l'humanité.

L'homme est toujours bridé partout où il évolue. L'homme est toujours sous l'égide de son homologue. Il est aussi en quête de supériorité. L'homme se veut roi ; il se veut reine. Néanmoins, il est déboussolé dans la nature. Il ne se reconnait point.

Que ce soit au niveau individuel qu'au niveau collectif, l'homme ne se voie pas ordinaire par rapport à son homologue. Ils se chamaillent pour un oui ou pour un non. Ils se subjuguent.

L'homme se veut Dieu. Il se veut le roi de tous les rois. Il veut qu'on l'adule. Seulement, la race humaine n'a pas su atteindre son objectif le plus fondamental, qui est de domestiquer le milieu naturel. C'est pourquoi l'hominien est toujours en quête de validation en tous lieux.

L'homme ne se voit pas égal à lui-même. Ainsi, la lutte pour l'égalité entre les hommes est une poursuite utopique. C'est une querelle chimérique. C'est une rivalité constante. C'est une émulation sans fin. C'est un antagonisme tragicomique.

L'homme n'a nulle part où aller. Il est cloîtré dans son monde de salubrité. Il est submergé par sa magnanimité. Et pourtant, l'homme doit faire face à son destin. C'est une réalité inéluctable dans le milieu social.

Les hommes se châtieront toujours pour une égalité qu'ils ne parviendront jamais à acquérir. Il est aussi indéniable que ceux-là qui comprennent cette conjoncture l'assimilent à une justification pour la haine, une explication pour le dédain et un bienfondé pour corroborer la montée du racisme dans le monde. Mais je ne suis pas d'un avis similaire. Le racisme est mauvais pour l'humanité. Je suis sûr qu'il le sera toujours.

L'égalité entre les hommes dans une atmosphère sociale est souvent basée sur un arrangement qui plaise à plus d'un. C'est immanquablement un mariage de convenance ; c'est une union par intérêts. Nonobstant, c'est une entente qui est bénéfique pour certains, bien qu'elle soit dévastatrice pour d'autres.

Le problème c'est que cette conjoncture ferme les pôles sociaux. Cette réalité est l'essence même des obstacles qui caractérise la mobilité sociale. C'est ce qui permet à la haine de prendre pied dans un environnement quelconque.

L'égalité entre les hommes dans un milieu artificiel est foncièrement conjoncturelle. Cette égalité est fragile ; elle est précaire. Cette égalité est relative à la réalité qui caractérise l'environnement social. Les gens acceptent leur conjoncture égalitaire parce que cette réalité fait leurs affaires, et ceci que ce soit de manière individuelle ou de manière collective.

CHAPITRE IX

NOS BESOINS PRIMAIRES

Dans le cercle social, le concept d'égalité entre les hommes est surnaturel. Ce concept émane de l'homme lui-même. Cette notion est le reflet de la façon dont l'homme conçoit sa réalité dans la nature. Le problème c'est que la nature de l'homme n'est pas nécessairement appréciable sur un point de vue de l'homme.

La réalité indue c'est que l'homme est une bête féroce dans la nature. L'humanoïde ne répond qu'à ses besoins primaires. Il ne répond qu'à ses desiderata instinctifs. La civilisation aurait dû forger un monde de répit pour l'homo sapiens. Mais ce n'est pas le cas en aucun lieu et sous aucune forme.

L'homme est en déguisement continuel dans le milieu social. De temps à autre, la nature de ce dernier refait surface. L'humain ne vit que pour sa propre personne. L'hominien n'existe que pour soi, et ceci que ce soi dans la nature ou dans la société.

L'homme est hédoniste de nature. L'homme est égoïste dans l'âme. Il se voit lui-même d'abord. Par contre, cette conjoncture abstruse n'est pas forcément une transgression dans le monde des hommes. Je dirais que c'est même un état naturel. Sans quoi, l'homme ne serait point l'homme.

De manière intrinsèque, personne ne veut être égal avec qui que ce soit. Personne ne veut être égal à personne. À cause de notre insouciance, nous avons tendance à rejeter notre humanité au profit de notre individualité. Dans notre réalité mondaine, l'autre est tertiaire.

Dans la plupart des contextes sociaux modernes, nous avons tendance à considérer l'égalité entre les hommes comme un défaut maniéré. Beaucoup considèrent toute idée d'une égalité entre les hommes comme une maladie pathétique. D'autres considèrent tout esprit de parité entre les hommes comme une pathologie exterminatrice. On dit que se soucier de l'autre c'est de ne plus se soucier de soi.

Dans ces milieux, l'égoïsme est vénéré. L'égocentrisme est encouragé et même célébré partout. L'humanité est subornée. La valeur d'un homme est réduite à partir de la couleur de sa peau. L'essence d'un homme est déterminée à partir de son statut économique, son niveau intellectuel, son origine ancestrale, son rang ou sa classe sociale.

Dans des écosystèmes sociaux similaires, l'individu est à la fois primaire et secondaire. Pour celui-ci aussi, l'autre est tertiaire. Ce dernier est une tierce. Il n'a aucune valeur, mis à part cela dont il est attribué.

À partir d'une lentille sociologique, on peut dire qu'une vraie égalité entre les hommes ne pourrait jamais s'acquérir. Toutefois, il ne peut pas y avoir une société équitable sans qu'il y ait un souci fondamental pour l'autre. Du même coup, il ne peut pas y avoir un environnement social sans se tenir compte des besoins fondamentaux de tous les membres de ce milieu.

Bien que toutes formes d'égalité entre les hommes ne puissent être permanentes, certaines approches du concept sont tout de même de mise. L'une d'entre elles c'est que l'homme doit pâlir à ses obligations dans l'environnement social. Cette obligation, je dirais, c'est de répondre aux besoins d'autrui.

Le racisme justifie l'indulgence de certains. Il pérennise l'ignorance de beaucoup d'autres. Il aide à accumuler les maux des victimes du malaise social. Il contribue à l'abattement de l'environnement.

UNE APPROCHE SOCIALISTE

CHAPITRE X

TROUVER UN ÉLÉMENT PALLIATIF

LE SOCIALISME EST comme un antidote contre le racisme. Une société qui n'embrase pas l'essence du socialisme, pas nécessairement l'aspect politique ou mêmes pas les ramifications économiques de cette idéologie, est vouée à l'apoplexie généralisée. Cette société est condamnée à l'accroissement de la végétabilité de l'homme social. Ce serait une société antisociale. Ce serait un environnement asocial.

Vivre dans une telle ambiance ne serait pas idéal. Mais il y a des répercussions importantes à tenir compte. L'une d'entre elles c'est l'incapacité de l'homme pour œuvrer pour la paix. L'homme n'est pas investi dans le bonheur de l'autre.

LE RACISME ET LE SOCIALISME

Il y a des ramifications importantes à considérer aussi. Dans ce cas, je veux parler de la paix individuelle. La paix collective est souvent considérée comme un besoin primaire dans le milieu social.

Une société qui ne parvient pas à pérenniser la paix sociale, je veux dire la paix entre l'individu et la collectivité, deviendrait une force canalisatrice pour la fermentation d'une inégalité sans pareil. Cette inégalité pourrait faciliter le racisme à plein temps. Elle pourrait fermenter la haine et le dédain.

Cette réalité pourrait inciter la violence entre les membres du cercle collectif. Le milieu social deviendrait chaotique et sauvage. Ce serait une jungle civilisée.

La paix collective serait une poursuite chimérique. Il n'existerait point de paix individuelle. Ce serait un lieu où tous les coups sont permis contre l'individu. Mais les victimes n'auraient guère d'alternative que d'accepter leur réalité. Sans quoi, elles perdraient leur liberté. Elles perdraient leur vie.

Il y a une réalité irréfutable dans tout cela. Les victimes et les bourreaux se ressembleraient.

Leurs actes se confondraient en tous lieux. Leurs intentions seraient conformes. Leurs actes auraient des effets identiques. Il n'y aurait point de recours pour contrecarrer leurs actions. Néanmoins, il y aurait assez de manières pour justifier leurs exactions ; il y aurait assez de motifs pour corroborer leurs omissions ou même leurs violations.

À cause de l'apathie qui caractériserait le climat social, l'individu deviendrait agressif. Il deviendrait un accrocheur. Il deviendrait un bagarreur. Il deviendrait un fonceur contre l'univers social qui le domine.

L'individu se juxtaposerait contre tous ceux qui, selon lui, bénéficient du milieu. Il se tournerait envers la société. Sinon, il se tournerait contre certains membres dans la collectivité.

L'individu deviendrait violent. Il deviendrait amer. Il deviendrait récalcitrant. Ses frustrations seraient appréciables dans la façon dont il traite les autres. Il abdiquerait à ses obligations envers la société elle-même. Il pourrait ignorer les principes moralistes qui sont en vigueur dans le milieu social. Ainsi, l'individu deviendrait un hors-la-loi.

LE RACISME ET LE SOCIALISME

En revanche, la société chercherait à se protéger contre l'individu qui pourrait constituer une menace pour sa survie à long terme. La société deviendrait un écosystème brutal et féroce. Elle chercherait à maintenir sa stabilité en exterminant toute forme de menace, que celle-ci soit individuelle ou collective.

Ce serait un milieu où tout le monde est marginalisé au départ, sauf un petit groupe d'hommes qui alimente la marginalisation de l'ensemble social, et ceci au détriment de certains groupes. La répartition des biens ou la liquidation des ressources seraient maigres, bien que ces ressources ne soient pas peu abondantes. De toutes les façons, l'individu serait livré à lui-même.

Dans un tel décor social, la discrimination basée sur une question de race et de classe ferait rage dans le biotope. Un état *d'apartheid* serait de mise dans le milieu. Une atmosphère de dilapidation collective serait aussi de mise. Pour ainsi dire, le racisme deviendrait une réalité inéluctable pour certains. Ce serait aussi une conjecture indéniable pour d'autres.

TROUVER UN ÉLÉMENT PALLIATIF

Le racisme deviendrait un mécanisme de défense pour certains. Ce serait une formule pour obliger les autres à s'abdiquer aux prescrits du milieu. Le racisme deviendrait un élément conciliatoire. Il engendrait la peur ; il inciterait la haine ; il faciliterait le dédain.

Le racisme justifierait toutes formes d'injustices. Il deviendrait une arme de destruction. Ce serait un outil de persuasion. Ce serait une machine à la répression impitoyable des soi-disant récalcitrants du milieu social. En gros, le racisme deviendrait un fait avéré. Il serait un état d'être inescomptable et même inconcevable.

LE RACISME ET LE SOCIALISME

CHAPITRE XI

UNE VUE SURRÉALISTE

EST-CE LE SOCIALISME la réponse au racisme ? À ce stade, je n'en suis pas certain. Mais je reconnais qu'il y a peu de solutions probantes pour pérenniser une convivialité entre les hommes.

Ceci étant dit, je dirais tout de même que le socialisme est peut-être la meilleure façon d'acquérir une forme de justice sociale. Ce qui, à son tour, faciliterait une paix entre l'individu et la collectivité. L'individu aurait une raison pour œuvrer ardemment pour supprimer ses malices.

La collectivité aurait une raison probante pour encadrer l'individu dans sa quête vers le pacifisme. La paix règnerait toujours dans le décor social. Le monde serait meilleur, j'affirmerais sans détour.

LE RACISME ET LE SOCIALISME

Je reconnais que ce que j'insinue à travers cette idée pourrait être vu sous une lentille surréaliste. J'admettrais aussi que le socialisme n'est pas toujours vu comme un breuvage thérapeutique pour la paix individuelle. En effet, il est peu probable que le socialisme soit un catalyseur irréfutable pour la paix collective ou même pour la paix mondiale.

Je ne me fais aucune illusion à propos du socialisme. Dans certains endroits où le socialisme est en exergue, les idéaux en faveur d'une égalité entre les hommes n'ont pas pu changer grand-chose. La misère, la pauvreté et même le racisme sont toujours de mise dans ces milieux.

Je ne suis pas un rêveur. Je comprends la réalité de mon monde. Je ne m'y fais aucune illusion.

Je reconnais que le monde n'est pas juste. La vie n'est pas juste. On peut dire que la vie dans le monde ne sera jamais dénouée d'injustice. Pour ainsi dire, dans un monde inhibé de préjudice, la paix n'y règnera jamais. Ce monde serait toujours inhumain. Ça, c'est une réalité incontournable. On ne peut que l'accepter.

UNE VUE SURRÉALISTE

Je ne suis pas un pessimiste non plus. Je suis convaincu que l'homme à la potentialité de se surpasser. Tout au moins, il peut le faire de façon temporaire. L'homme peut œuvrer pour la justice. En œuvrant pour la convivialité, l'humanité connaitra ce qu'est la paix (la vraie paix, je dirais).

Le socialisme, je préconise ici sans ambages, pourrait offrir un soulagement aux maux de l'homo sapiens. En disant tout cela, je dois reconnaitre que dans certains milieux antisocialistes, prendre soin de l'un de l'autre est vu comme une transgression impardonnable. Ce forfait, dit-on aussi, pourrait avoir des implications irréversibles sur la collectivité. Dans certains endroits, être socialiste est vu comme un péché mortel, surtout au niveau institutionnel.

Le socialisme, certains sont convaincus, c'est une malédiction pour l'humanité. Pour d'autres, c'est une manière sans équivoque pour détourner le progrès individuel. Se soucier de l'autre est souvent indexé comme une folie qui fait rire ou qui fait peur.

Le socialisme est souvent vu comme une maladie contagieuse. C'est également vu, tout au moins dans certains endroits, comme un malaise social qui fait peur. C'est comme une épidémie infernale et incurable. Ceux qui sont assez courageux pour se révéler comme des socialistes en public sont châtiés en privé et en public.

Quoiqu'on dise ou quoiqu'on fasse, on ne peut pas décrire un tel entourage autre que sous une lentille antisocialiste. On dit que le socialisme est mauvais pour l'humanité. Mais je ne suis pas de ce point de vue. Je dirais que c'est le contraire. C'est une approche erronée de la réalité de l'homme.

La réalité c'est que si vous êtes un antisocialiste, vous êtes aussi un inhumain. Le socialisme et l'humanisme s'harmonisent. Par contre, être un antisocialiste c'est de se juxtaposer contre l'humanisme. Être contre la race humaine invite le racisme le plus pernicieux dans le cœur de ceux qui évoluent dans un tel décor de société.

CHAPITRE XII

LES MÉFAITS DE L'ENVIRONNEMENT

L'ENVIRONNEMENT SOCIAL EST souvent structuré de telle sorte que l'accaparassions des biens d'autrui est vénérée. Tandis que l'atrophie d'autrui dans un état de misère pioche est célébré. Cela, c'est l'essence de l'antisocialiste.

Cette vue de la réalité de l'homme est très vibrante dans des milieux à caractère capitaliste. C'est peut-être cela même l'essence du capitalisme dans les milieux occidentaux. C'est peut-être aussi la raison pour laquelle le racisme fait rage dans ces milieux.

La mobilité sociale occidentale est caractérisée par le désir capricieux d'un bourgeois ou d'un patron. La classe prolétarienne occidentale est ensorcelée à un état d'asservissement modernisé. Dans les milieux occidentaux, le citoyen n'a aucun pouvoir. Il n'a que des devoirs.

Dans une telle atmosphère, le citoyen doit toujours pâlir à ses devoirs. Mais il ne peut rien contre ceux-là qui accumulent ses dus. Il ne peut que quémander pour trouver du labeur.

Quand il trouve une besogne, il doit s'immoler chaque jour que Dieu fait pour le bonheur économique d'un patron ingrat et hardi. Il doit s'œuvrer corps et âme pour faciliter l'agglomération des biens à une autre personne qui n'a souvent aucune pitié pour son malheur économique. Le problème c'est que même cet état d'assujettissement est souvent restreint à certains groupes, surtout s'ils sont des noirs, s'ils sont des immigrants ou s'ils sont des musulmans (des gens d'origine arabe).

Dans de nombreux endroits, notamment dans le monde occidental, le socialisme est vu comme de la méchanceté. C'est comme de la peste, dit-on. Être socialiste s'apparente à une maladie exubérante. Il est souvent une honte d'être considéré comme un socialiste. Parfois, c'est une insulte incontournable.

LES MÉFAITS DE L'ENVIRONNEMENT

On ne peut pas comprendre le racisme qu'à partir d'une lentille socioéconomique. Le racisme, je dirais sans détour, n'a aucun effet tangible sur ceux-là qui ne sont pas privés sur le plan économique. De ce fait, on ne peut pas dissocier le racisme du capitalisme.

On ne peut pas non plus démarquer le racisme du socialisme. On ne pourrait certainement pas minimiser la présence ou l'absence du racisme dans un environnement social qui est de nature capitaliste. L'un dépend de l'autre. À partir de cette logique, on peut dire que le socialisme pourrait être considéré comme un antidote aux maux qu'apporte le racisme.

LE RACISME ET LE SOCIALISME

AUTRE APPROCHE

CHAPITRE XIII

UNE APPROCHE RADICALE

CERTAINS POURRAIENT CONSIDÉRER mon approche de la réalité du monde occidental, plus particulièrement dans le continent américain un peu biaisé. D'autres diront que mon point de vue est radical. Certains pourraient même remettre en question la relation que j'insinue ici entre le capitalisme, le socialisme et le racisme.

Pour élucider mes points de vue avec véhémence, laissez-moi dire que je ne cherche pas à établir un lien sacré entre les deux concepts (je veux dire, le socialisme et le capitalisme). Tout au moins, je ne cherche pas à le faire sur le point de vue idéologique. Cependant, je parle à partir de mon expérience.

LE RACISME ET LE SOCIALISME

Depuis plus de vingt ans, je vis en Amérique du Nord. Pour une raison ou une autre, je me suis retrouvé cloitré dans un milieu haineux. C'est un milieu restrictif. C'est un milieu inhumain.

Pour être clair, je ne cherche pas à calomnier les sociétés occidentales dans les écrits inscrits dans ce texte. En raison de mon vécu, je dirais que tout milieu capitaliste est caractérisé par le rejet de l'humain. Certains de ces milieux ont eu des effets irréversibles sur mon être. Pour le dire autrement, je ne peux pas peinturer le monde occidental d'une manière d'autres que la façon dont je l'ai vécu.

Je suis conscient que vous ne pouvez pas reconnaitre cette réalité. Toutefois, cela ne changerait rien pour moi. Les idées que je divulgue à travers ce petit livre reviennent des milieux sociaux que je connais. C'est un récit du monde social que j'ai expérimenté au fil des années.

ce n'est pas cet environnement social dont je m'y attendais en laissant mon pays natal. Je ne m'attendais pas de cette réalité quand j'ai immigré dans des endroits qui sont vendus à l'homo sapiens démuni comme des milieux communautaires et salutaires. Pourtant, ce sont des milieux nocifs et même destructifs pour l'homme. Ce sont des endroits où l'esclavage va au-delà du travail forcé.

Dans ces milieux, l'assujettissement de l'homme va au-delà d'une simple réclusion mentale. C'est le contrôle absolu de l'automate. Ce sont des milieux inhumains tout simplement. N'empêche que c'est cela la réalité de l'homme dans un tel décor social. Nul ne pourrait s'en défaire.

Tout homme est bridé dans un milieu social. Tout milieu social requiert un état d'assujettissement. C'est pourquoi je dis que l'homme ne pourrait jamais être libre dans un milieu bridé. Il ne jouirait jamais d'aucune liberté dans un tel arrangement. La société ne peut qu'être bridée. C'est ça la tragédie de l'homo sapiens dans son monde.

Le milieu social est à la fois révélateur de la réalité humaine. C'est pourquoi l'homme est toujours en quête de liberté puisqu'il en est toujours privé. Le milieu social est censé avoir créé le mécanisme pour que l'homme jouisse d'une forme de liberté, et ceci, peu importe que cette liberté soit éphémère ou illusoire.

Quelque part, l'homme a perdu son sens d'être. Il a fait de ses vanités une priorité en tous lieux. L'homme cherche à s'immortaliser à travers de l'acquisition des choses sans aucune conséquence tangible. L'homme cherche à se capitaliser.

L'homme a perdu son humanité à la recherche de cette dernière dans le matériel. L'homme est devenu un chasseur d'homme. L'homme est devenu un mangeur d'hommes. Cette conjoncture facilite le racisme, et ceci dans un contexte tragicomique.

CHAPITRE XIV

UN PÉCHÉ MORTEL

LE CAPITALISME C'EST comme un péché mortel pour l'espèce humaine. Un cercle capitaliste est d'abord un milieu inhumain. C'est un milieu antisocialiste. Je ne pourrais pas déceler la réalité humaine dans le monde sans parler de la conjoncture qui sévit dans des milieux capitalistes, plus particulièrement dans des sociétés occidentales.

J'évoque le terme socialisme à travers ces lignes comme un mécanisme intellectuel. Le but c'est d'illustrer la façon dont les différences sociales pourraient être interprétées. Mon opiniâtreté dans cet opus c'est de pointer du doigt l'impacte du racisme dans la société.

C'est une façon de démontrer la manière dont le racisme pourrait devenir un souci majeur pour plusieurs personnes qui se retrouvent dans un milieu où la valeur intrinsèque d'une personne est basée sur une approche mythologique de ce que l'homme est ou ce que l'homme pourrait être. Sans un souci commun dans un environnement social, il ne peut y avoir que le racisme. Le capitalisme ne se soucie guère de la collectivité. La collectivité, à son tour, ne se soucie guère de l'individu.

Le capitalisme, dans son sens le plus fondamental, ne facilite pas la paix individuelle. Il ne fermente pas la paix collective. Le capitalisme ne préconise pas la paix régionale. Il n'encourage pas la paix globale. En d'autres termes, le capitaliste ne facilite pas la paix mondiale. Le capitalisme est inhumain. Comme résultat, on a souvent une version virulente du racisme dans les milieux où le capitalisme est en exergue.

Le capitalisme crée une approche erronée de la réalité de l'homme dans son environnement social. Mais cette réalité va à l'encontre de l'individu. Elle va à l'encontre de l'humanisme. Le capitalisme institue une panoplie de vicissitudes pour ce dernier.

UN PÉCHÉ MORTEL

Il ne s'agit pas seulement de dire que le socialisme est problématique pour le progrès individuel. Il ne s'agit pas seulement de dire que cette approche n'est pas bonne pour l'écosystème social. Les conséquences du capitalisme sont aussi néfastes pour l'individu. Le capitalisme est sinistre pour la collectivité.

Le capitalisme pourrait avoir des effets néfastes pour l'homme. Le capitalisme crée des circonstances qui permettent à certaines personnes d'agir au détriment de l'espèce humaine. C'est pourquoi j'argumente sans relâche que le capitalisme est inhumain.

Dans les endroits où les gens ont tendance à mépriser les idéaux sociaux, le racisme fait rage. Dans ces milieux, les êtres humains sont souvent dévalués par rapport à leurs différences épidermiques. L'humanité devient immatérielle, tandis que tout le reste est tangible. Cette réalité facilite le racisme à un point où il devient un fait indéniable et même incontournable. C'est ça l'essence du racisme dans des milieux antisocialistes.

LE RACISME ET LE SOCIALISME

CHAPITRE XV

METTRE LES BLANCS EN CAUSE

IL EST IRRÉFUTABLE QUE LE racisme est le malheur de la race humaine. Nonobstant, qui doit être vu comme le responsable de ce malheur affreux ? Qui a inventé le racisme ? Est-ce le racisme un phénomène épidermique ? Est-ce le racisme une question de race ? Je dirais que non. Le racisme est avant tout une question de rang sociale.

Dans le livre titré *Le Racisme : C'est quoi ?* J'ai parlé un tout petit peu à propos de l'origine du racisme. J'ai essayé de discerner l'inhérence de ce fléau dans le monde. J'ai même énoncé que le racisme est une conjoncture normale, tout au moins dans certains cas.

LE RACISME ET LE SOCIALISME

Dans l'ouvrage susmentionné, j'ai conclu que le racisme est une réalité universelle. Elle est une conjoncture naturelle. Le racisme fait partie de notre existence. Ainsi, le racisme n'est pas nécessairement une question épidermique.

Le racisme n'est pas nécessairement une question de race. C'est plutôt un comportement. En ce sens, tout le monde est raciste. Disons plutôt que tout le monde a cette potentialité.

Le plus macabre c'est quand la société préconise (ou même pérennise) le racisme en tous lieux. À ce moment-là, le racisme devient un problème existentiel pour certains. Cela devient un ennui inéluctable pour d'autres. Tout aussi bien, le racisme devient un problème de caste. Cela devient aussi un problème de classe sociale.

Dans une société, certains groupes bénéficient souvent du racisme. Tout aussi bien, ces groupes ont tendance à créer les mécanismes institutionnels pour que le racisme fasse partie de la réalité sociale. Cette conjecture est assez évidente et même palpable rien qu'en contemplant la structure hiérarchique du décor social.

METTRE LES BLANCS EN CAUSE

En matière d'égalité raciale, je doute fort que les Blancs, en particulier ceux qui évoluent dans un environnement antisocialiste et qui bénéficient du milieu, veuillent vraiment une égalité entre les races. Le fondement du socialisme est la compréhension que tout le monde est égal dans le monde. Mais ceux qui sont des antisocialistes, plus particulièrement ceux qui pratiquent le capitalisme comme une religion sacrée, ne voient pas toujours le monde de l'autre à partir d'une lentille équitable.

Pour ces gens-là, l'égalité ou l'équité est un objectif dans la vie. De leur point de vue amétrope, l'égalité n'est pas nécessairement un état d'être ou un état d'âme. À travers ce texte, cependant, j'argumente que c'est plutôt le contraire.

L'égalité entre les hommes doit être une façon *d'être* dans le monde. C'est l'essence du biotope social. C'est l'objet de toutes civilisations humaines. C'est l'essence du présumé contrat social entre les hommes ou ceux-là qui évoluent dans un milieu social.

On a tous le droit à la vie. Toutefois, la vie ne nous est pas due dans un milieu caractérisé par des idéaux capitalistes. Dans ces milieux, on n'a point de recours pour gagner sa vie. On est obligé de s'agenouiller par-devant les coups avilissants de certains membres du cercle social.

On n'a pas un avenir certain si l'on ne succombe pas aux caprices du milieu social. Le capitalisme requiert de la subjugation absolue. Si l'on ne s'incline pas, on ne mangera pas. On ne peut pas être enorgueilli contre les méfaits du milieu. On ne peut pas être fiers de soi. On ne peut pas être trop attaché à ses labeurs.

On doit devenir la propriété du milieu pour y évoluer. Le problème c'est que même à ce stade, il n'y a aucune garantie de survie. C'est ça l'essence de la vie d'un homme dans une société bridée par un climat d'injustice sociale. C'est ça la réalité d'un homme emprisonné dans un milieu où l'exploitation de l'autre est vénérée. C'est une réalité qui crée un sentiment de ressentiment. Cela crée une instabilité sociale sans pareil. Cela facilite l'arrivisme et l'avarice dans le sens le plus impudique.

L'homme est avide ; il est avaricieux. Il est parcimonieux. Il est radin. Il est ladre. Il est près

116

de ses sous. Du même coup, il n'a guère le choix que d'être suborné aux désirs du milieu social.

Dans le contexte du capitalisme, le racisme met en question toute notion d'égalité entre les hommes. Toute société capitaliste est vouée au racisme. Sans le racisme, il n'y aurait pas de capitalisme. Sans le capitalisme, le racisme n'aurait point d'effet tangible sur la vie d'un homme.

Le socialisme a la potentialité d'apporter un soulagement aux maux du racisme, plus particulièrement quand il s'agit des méfaits du capitalisme. Toute société socialiste a la possibilité d'alléger les malheurs causés par le capitalisme. Ici, je veux parler d'un état d'exclusion ou de discrimination résulté du racisme, et ceci que ce soit au niveau individuel qu'au niveau collectif.

En acceptant de vivre dans un écosystème ordonné et structuré, nous avons rejeté notre inclination à la bestialité et même à la sauvagerie. Pourtant, le racisme met tout cela en cause. C'est comme si nous n'avions jamais laissé les jungles. C'est comme si nous ne nous étions jamais défaits de notre instinct de barbare.

Je ne tente pas de mettre en cause la race blanche en disant tout cela. Il ne s'agit pas de distinguer les personnes d'origine caucasienne comme les seuls propagateurs du racisme. Je ne suis pas certain que les autres dénominations raciales souhaiteraient être égales à d'autres groupes non plus.

Peu importe la couleur de la peau de l'individu, il y a un certain désir inhérent à l'être humain d'être différent. Parfois, il est nécessaire de se sentir différent. D'autres fois, il est indispensable d'être traité différemment.

Même la nature favorise la diversité. Ceci dit, la nature ne favorise pas le racisme en soi, bien que ce fléau soit intrinsèque dans le naturel. Mais d'où vient le racisme ? Revoyons le concept en profondeur pour en savoir plus.

LA NATURE ET LE RACISME

CHAPITRE XVI

LA NATURE DU REJET HUMAIN

QUELLE EST L'ORIGINE DU racisme dans une société ? Dans les chapitres précédents, j'ai parlé du racisme comme étant un fait naturel. Je l'ai aussi décrit comme un fait global. J'ai parlé de l'aspect social du phénomène. Toutefois, il y a un aspect pratique du racisme qu'il faut élucider un tout petit peu plus loin ici. Il faut l'examiner dans un contexte précis.

Dans le cas où ce ne serait pas évident jusque-là, laissez-moi faire écho que dans ce texte, je ne voulais pas m'engager dans des discours exaltés pour expliquer le racisme. Je ne voulais pas m'adonner au marronnage intellectuel pour déceler le mot. Je ne voulais pas vous duper de ma vraie intention pour fustiger le racisme tout en le justifiant à la sournoise. Je ne voulais pas abonder le terme avec douceur.

Je ne voulais pas faire aucune abnégation pour relater le terme en contexte. Je ne voulais pas minimiser le mécanisme méphistophélique de cette notion. Je ne voulais pas brocanter les ramifications sociales du phénomène. Je ne voulais pas me restreindre pour parler du racisme.

Il est vrai ; j'ai un point de vue à propos de ce fléau. Ce point de vue est peut-être biaisé. Néanmoins, je n'entendais pas le masquer en prononçant des vers familiers. Je n'entendais pas faire ce qu'on pourrait qualifier de looping intellectuel. Je ne voulais pas vous dire ce que vous aimeriez peut-être entendre. Je n'ai pas vécu le racisme de façon ordinaire. Ainsi, je ne pouvais pas le décrire d'une façon terre à terre.

Je suis conscient que ce livre pourrait augmenter mes maux dans mon entourage social. Il se pourrait que les gens se voient obliger de me caricaturer de toutes sortes. Il se pourrait qu'ils veuillent me parodier de toutes péjoratives. Mais ce serait sans façon. Ils m'ont déjà acculé dans un coin. Ils m'ont déjà fait reculer.[3] À présent, je n'ai guère d'alternative que de me battre contre leur méchanceté.

Pour l'instant, je suis *un rien* aux yeux de certaines personnes dans ma communauté. Mais je ne leur ai rien fait. Pourtant, ils me calomnient à qui mieux mieux. C'est cela ma réalité dans le monde occidental. Du même coup, je n'ai pas le droit de me plaindre. On m'a mis de côté. Je suis marginalisé dans mon être.

Pour certains, le racisme n'existe pas. De leur point de vue basané, ils pensent que ceux qui clament le contraire sont troublés. Ou du moins, ils ont un agenda antisocial, dit-on.

Ceux qui ont de la mauvaise foi disent que les gens qui parlent du racisme à tout bout de champ représentent une menace de taille pour le

---

[3] Ils ont essayé de m'éteindre sur le plan académique. Ils ont essayé de m'éteindre sur le plan intellectuel. Ils ont essayé de m'éteindre sur le plan personnel (ou physique). Ils ont essayé de m'éteindre sur le plan social. Je vous encourage de voir le titre intitule Être Noir : Quel Malheur pour savoir un peu plus. Ben Wood Johnson, *Être Noir : Quel Malheur* (Tesko Publishing, 2018).

statu quo cutané. Ces gens-là doivent être exterminés. Ils doivent cesser d'exister, certains sont convaincus.

Dans ces milieux sociaux dévergondés, le racisme n'est pas nécessairement un mystère. Beaucoup savent très bien que ce fléau fait de la rage. Ceux qui ont vécu le racisme ou toutes formes de discriminations ne pourraient jamais nier cette expérience.

Je suis convaincu qu'il y a ceux-là qui savent de quoi je parle. Il y a ceux-là qui ont vécu le racisme dans les recoins de leur être. Je l'admets ; ils n'ont pas nécessairement vécu cette réalité la façon dont je l'ai expérimenté.

Le racisme (je dirais sans quiproquos dans ce texte) est similaire à une réalité naturelle. Ses effets sont irréfutables. La société a souvent rendu cette conjoncture surréelle et parfois même mondaine.

Pour certaines personnes, le racisme c'est une innocuité qu'il faut s'y habituer. C'est un ennui indispensable pour l'écosystème social, dit-on. Le racisme n'est pas forcément un péché qui requière de la peine capitale, dit-on aussi. Je ne suis pas du même avis.

LA NATURE DU REJET HUMAIN

Le racisme est normal, dit-on. Ainsi, on doit accepter le racisme tel quel. On doit se laisser faire. On doit s'y faire.

Je l'admets pareillement ; il y a un aspect inné du racisme. La nature même requiert cette capacité de distinction chez l'homme. C'est à partir de cela que nous (je veux dire les êtres humains) pouvons établir une différence entre ceux-là qui peuvent nous faire du bien et ceux-là qui peuvent nous faire du mal.

LE RACISME ET LE SOCIALISME

CHAPITRE XVII

UN MILIEU BRIDÉ

DANS LA NATURE, chaque entité vivante détient la même opportunité d'être. L'être de l'entité en question ne dépend pas forcément de l'environnement où elle évolue. Au contraire, l'être de cette entité est souvent en fonction de la compréhension de celle-ci du terrain. La subsistance de cette entité, tout au moins à long terme, est souvent relative à sa capacité de s'adapter et de s'ajuster à la réalité du milieu.

La survie de l'entité n'est pas toujours éphémère. Elle n'est pas non plus capricieuse. L'entité doit pouvoir survivre.

Dans tous les recoins de son être, l'entité doit trouver les moyens pour survivre. Celle-ci n'est pas restreinte. Ordinairement, l'entité survie en fonction de ses capacités physiques et mentales.

Avoir des aptitudes naturelles est essentiel pour la survie de l'entité à long terme.

L'entité est limitée dans la nature. Mais elle n'est pas restreinte. Dans la nature, l'entité est en liberté, même quand elle n'est pas libre, et ceci dans le vrai sens du mot. Dans l'écosystème naturel, l'entité survie qu'à partir de soi-même.

L'individu n'est pas bridé dans la nature. Il n'y est pas non plus séquestré. Il n'est pas contraint par un milieu répressif et opprimant.

À partir de cette compréhension, on pourrait exclamer sans ambages que l'environnement naturel est un champ égal. Chaque entité a la même chance de survie dans la nature. On pourrait dire aussi que la nature elle-même est l'essence de tous les idéaux socialistes.

Un cadre social, néanmoins, est différent. Dans une telle atmosphère, l'opportunité de survivre doit provenir de quelqu'un d'autre. Elle doit provenir d'une entité qui est à la fois contrôlée par une personne ou par un groupe de personnes. C'est là que réside la nature capricieuse de l'environnement social.

Un autre problème à signaler c'est que la plupart des dénominations raciales voient leurs différences à partir d'une lentille stratifiée. Cette stratification, je dois le dire aussi, tends à faciliter l'épanouissement du racisme. Ordinairement, la réalité sociale reflète cette compréhension échelonnée.

Pour certains, être un *Blanc* c'est d'avoir reçu la bénédiction du bon Dieu lui-même. Dans l'histoire du monde moderne, il est sous-entendu que si vous êtes un *Blanc*, votre *être* a plus de valeur que celui d'une personne *Noire* (d'origine africaine) ou d'autres dénominations ethniques. Quand les ressources sont peu abondantes, certains groupes sont toujours victimaires.

La victimisation de ces groupes dans un environnement social est souvent basée sur une différence épidermique à l'égard du groupe dominant. Donc, il y aurait peu d'égalité entre les groupuscules qui forment le milieu social lui-même. Ça, c'est le fondamental du racisme dans des milieux sociaux à caractères modernes ou dans des milieux capitalistes.

LE RACISME ET LE SOCIALISME

CHAPITRE XVIII

UNE INVENTION DES HOMINIENS

LE RACISME, dans son sens le plus impudique, n'est pas forcément une invention humaine. Toutefois, il faut reconnaitre qu'un fragment de l'humanité bénéficie énormément de ce fléau. C'est pourquoi je dis que le racisme est humain avant d'être autre chose.

Pourquoi on est raciste ? Certains diraient que le racisme est émané d'un sens de supériorité épidermique ou même d'un impérialiste génétique. Qu'est-ce qui pourrait motiver à une personne pour se sentir supérieur par rapport à quelqu'un d'autre dans le milieu naturel ? À quoi bon se sentir supérieur ? De quelle supériorité parlons-nous ? Qu'est-ce qui évoque le racisme dans le milieu social ? Qu'est-ce qui facilite le racisme dans un tel milieu ?

Il n'y a qu'une seule façon de répondre à ses questions. Bien que cette réponse ne soit pas empirique en nature, c'est le procédé intellectuel le plus concordant pour apercevoir la problématique du racisme dans le monde des hommes. Cette façon, je dois le dire, c'est la stratification du milieu social.

La vie se termine toujours par la mort. Tous les hommes meurent. Qu'est-ce qui justifie une supériorité quelconque entre les êtres humains ?

La réponse est assez claire. C'est leur rang social. C'est pourquoi le racisme est une affaire de classe sociale avant d'être une histoire de race.

La stratification est une construction humaine. Mais c'est d'ailleurs une compréhension subjective, sinon arbitraire, de notre valeur humaine. Lorsque nous stratifions notre existence, nous y ajoutons un horodatage. Nous créons les conditions pour que notre être devienne relatif à l'environnement où nous évoluons.

Si l'environnement a des mécanismes sociaux qui garantissent une équité sociale, alors les différences de races pourraient ne pas devenir un gros problème. Dans le cas échéant, alors les délimitations raciales ou les altérités ethniques deviendraient la réalité sociale du milieu en question. Le racisme deviendrait un problème majeur pour les groupes qui vivent dans un état de vassalité.

La vérité est ce que c'est. Pour ne pas être radical dans mon approche, je dirais que tous ceux qui appartiennent à la race blanche bénéficient du racisme plus que toutes les autres dénominations raciales. La plupart d'entre eux bénéficient de ce phénomène à un point ou ils n'ont aucun intérêt à le supprimer ou même chercher à l'éradiquer. Toutes leurs valeurs et leurs morales reflètent leurs sentiments de suprématie raciale. Le colonialisme et l'impérialisme, par exemple, reflètent ces ressentiments de paternité hégémonique de la race humaine.

Certains ne se cachent même pas derrière leur désir avide d'exterminer d'autres groupes dans le milieu social dont ils considèrent comme des déshérités. Certains se sont adonnés la mission de préserver leur race contre toutes formes de menaces. Certains se sont taxé la mission de préserver leur mode de vie à tout prix, et ceci même au prix de l'extinction de l'humanité dans son intégralité. Cela est une absurdité. N'empêche que c'est cela la réalité de l'homo sapiens dans le monde des hommes. C'est surtout le cas dans un milieu où l'hominoïde voit le monde d'autrui sous une lentille basanée.

Voilà pourquoi je dis quand il s'agit du racisme, je doute fort qu'il y ait des *Blancs* qui veulent vraiment éradiquer ce fléau. La plupart d'entre eux sont des hypocrites. Mais je ne les en veux pas pour autant. Ce ne serait pas juste de ma part de les en vouloir pour une réalité dont ils sont eux-mêmes victimaires. Le racisme, dans ses effets les plus tangibles, n'est pas obligatoirement une affaire de race.

Comme je l'avais déduit plutôt, il y a toujours la possibilité pour que les Blancs [eux-mêmes] deviennent victimaires du racisme. Le racisme n'a pas été inventé pas des Blancs. Dans des contextes spécifiques, les Blancs pourraient tomber sous le coup du racisme. Ici, je me réfère surtout au racisme basé sur une approche ethnocentrique.[4]

Autant que nous évoluions dans un environnement stratifié, notre humanité dépendra toujours du caprice du groupe racial dominant, peu importe que ce groupe soit *Blanc*, *Noir* ou autre. Il importe peu que ce groupe soit majoritaire ou non. En ce sens, le racisme en soi ne conduit pas à des effets discriminatoires exclusivement sur une base raciale. N'importe qui ou n'importe quel groupe de gens pourrait devenir victimaire de ce phénomène, et ceci pour n'importe quelle raison.

C'est essentiellement cette peur que beaucoup de suprémacistes blancs nourrissent dans leur âme. Ils opèrent sous la présomption (qui est néanmoins plausible) que s'ils arrivaient à perdre leur statut dominant dans leur milieu social, leur existence deviendrait si précaire, qu'en tant que groupe, ils pourraient devenir une classe soumise. Ils pourraient même disparaitre.

---

[4] L'ethnocentrisme est une vision du monde où l'on juge les autres de sa propre lentille culturelle.

LE RACISME ET LE SOCIALISME

Dans de nombreux cas, le racisme est le reflet de la peur de tout perdre. Le monde occidental n'est pas une exception à cette réalité. Ces milieux sont souvent inondés par des gens venus de pays pauvres. Ces gens sont souvent en quête d'une vie meilleure.

En cherchant à s'incorporer dans le cercle social, les nouveaux venus auront aussi tendance à adopter les rituelles du milieu. Au fur et à mesure, ils deviendront eux-mêmes des membres à part entière du milieu. Peu à peu, ils auront tendance à insérer leur propre culture dans le milieu, rendant ainsi les indigènes un tout petit peu déboussolés. C'est pourquoi il est compréhensible que le racisme soit un problème majeur dans ces milieux.

JUSTICE SOCIALE

CHAPITRE XIX

BESOIN D'UNE ÉQUITÉ SOCIALE

COMME INSINUÉ ANTÉRIEUREMENT, la société est une cage mentale. L'être est sous pression pour être en accord avec les attentes de la collectivité. Quand il ne parvient pas à être comme il était censé être, il pourrait devenir victimaire des caprices de la collectivité.

Du même coup, l'individu pourrait être pénalisé pour être lui-même. Quand il n'est pas de la façon dont il était censé être, il pourrait être vilipendé. Ainsi, l'individu ne peut pas toujours être autre la façon dont la société voudrait qu'il soit.

L'individu est borné dans le biotope social. Son destin est entremêlé avec le milieu. Il n'a pas d'avenir certain. Son lendemain est également prédéterminé.

Certainement, l'individu se croit libre. Cependant, s'il jouit d'une forme de liberté, c'est un état d'être illusoire. L'homme est toujours sous l'emprise du milieu social.

L'individu ne peut pas être autre la façon dont les membres de la société veulent qu'il soit. S'il résiste à ces attentes, il pourrait perdre toute légitimité. On pourrait même le caricaturer comme un insensé ou un élément dangereux.

L'individu ne peut que se courber aux caprices du milieu social. Il ne peut que s'y faire. Il ne peut qu'accepter sa réalité. Sans quoi, il pourrait tout perdre. Il pourrait perdre même sa vie.

Comment peut-on parler de responsabilité dans de telles conjonctures ? Comment peut-on parler de liberté tandis que l'homme est sous l'emprise de son ignorance ? Comment peut-on parler de supériorité quand l'homme est insignifiant dans son propre monde ? Comment peut-on parler de contrôle de soi quand on est dominé par sa propre espèce ?

BESOIN D'UNE ÉQUITÉ SOCIALE

La rigidité de l'environnement social rend souvent tout possible. Si le collectif devient d'accord sur le fait que ce qui serait injuste dans des circonstances normales pourrait en fait être juste, que ce soit dans une circonstance particulière ou autre, alors une injustice pourrait facilement être traitée comme une justice. Dans de nombreux cas, c'est ce qui permet au racisme de devenir une norme, que ce soit ouvertement ou secrètement.

Je comprends fort bien qu'il y a des gens qui voudraient changer leur réalité dans leur milieu. Bien des fois, c'est une impossibilité que nul ne peut surmonter. Ils sont forcés de s'adapter à leur état d'injustice. Mais c'est quoi une injustice, vous pourriez me demander ? Je ne saurais quoi vous répondre.

Quand même, je vous ferais remarquer que dans n'importe quel milieu social, rien n'est juste sans être à la fois injuste. L'injustice est généralement le reflet de la justice. si c'est juste pour certains, c'est aussi injuste pour d'autres.

Ceux qui veulent un monde juste doivent inéluctablement forger un monde injuste pour certains. Mais ceux-là qui sont victimaires de cette injustice n'ont souvent aucun recours contre cet état de déboire continuel. C'est une tragédie pour la race humaine en soi.

Personne d'autre, à part celui qui vit une situation macabre, ne peut comprendre cet état de défaillance. Personne d'autre, à part l'individu lui-même, ne peut comprendre sa réalité injuste. Quelquefois, son existence est entremêlée avec la réalité indue du milieu social. Il ne peut que s'y faire.

L'individu ne peut qu'accepter cet état d'être. Il ne peut que s'immoler. Il ne peut qu'accepter son état de déboire.

Défaire une injustice de temps à autre requiert une autre injustice. Mon état injuste est rarement le même que le vôtre. Une injustice sociale est fréquemment le reflet de l'image renversée d'une justice mal conçue ou mal perçue. Même cette justice boiteuse est souvent évasive.

La plupart du temps, une justice sociale est une démarche perdue. D'autres fois, c'est une justice vouée à l'injustice. Une telle conjoncture, je dois le reconnaitre, pourrait être comprise comme une justice qui ne serait jamais juste sans être injuste.

CHAPITRE XX

UNE JUSTICE INJUSTE

DANS UN ÉCOSYSTÈME SOCIAL, ce qui est juste pour lui est peut-être injuste pour elle. Toutefois, on ne peut pas défaire une injustice sans créer une autre. C'est cela la nature chimérique de la réalité sociale elle-même.

Dans le texte titré *L'homme et le Racisme*, j'ai posé la problématique de la responsabilité dans un monde bridé.[5] Je me suis posé plusieurs questions concernant le niveau de responsabilité dont un homme pourrait jouir dans son milieu social, et ceci à l'égard de son homologue. Nonobstant, je n'avais pas pu répondre à toutes mes questions dans l'ouvrage susmentionné.

---

[5] Johnson, *L'homme et le Racisme*.

Revoyons quelques-unes d'entre elles dans ce texte.

Est-ce qu'un homme jouit d'une responsabilité envers le cercle social où il évolue ? Je dirais sans ambages qu'un homme ne jouit d'aucune responsabilité exogène dans son monde. Puisqu'il est le produit de son monde, il ne peut être que la façon dont celui-ci le conçoit. En aucun cas, il ne peut être autre chose. Il ne peut que se conformer aux attentes du milieu. De ce fait, le milieu a une mainmise sur lui. Du même coup, le milieu a une responsabilité envers ce dernier. Ce n'est pas à l'inverse.

Ce que j'insinue à travers cette idée c'est que l'homme est le reflet du milieu où il évolue. Il se comporterait la façon dont les autres se comportent. Il serait ce dont les autres veulent qu'il soit. Certainement, il chercherait à établir son autonomie. Toutefois, il échouerait à chaque fois. Il ne pourrait que s'y abstenir. C'est cela l'emprise de la collectivité sur l'individualité.

Si cette collectivité devait apercevoir le monde à partir d'une lentille échelonnée, les membres de celle-ci seraient catégorisés par ordre d'importance ou par ordre de rejet. Si cette collectivité devait saisir le monde à partir d'une lentille égalitaire, les membres de celle-ci seraient vus et traités d'une façon égalitaire. Dans le cas échéant, les membres de celle-ci seraient vus et traités d'une façon discriminatoire.

Il est indiscutable que les lentilles du capitalisme sont stratifiées. On pourrait dire également que les lentilles du socialisme sont éparpillées. Toutefois, un capitaliste a une tendance forte vers la discrimination, peu importe sa nature. Vraiment, je dirais, il n'a guère le choix. Ce dernier doit œuvrer pour se sauver soi-même. La nature du milieu peut conduire à l'individu à se comporter d'une manière infâme.

Un socialiste pourrait ne pas être ainsi. Mais celui-ci doit évoluer dans un milieu social où l'autre est primaire. Sans quoi, il se comporterait tout comme un capitaliste.

Toute responsabilité dans un environnement social doit être universelle. Dans le cas contraire, on ne peut pas parler de responsabilité, sinon que de devoirs ! Il faut aussi dire que tout devoir est coercitif en nature. Toute responsabilité inhérente est envers soi-même.

Un chasseur, par exemple, n'a aucune responsabilité envers un gibier. Du même coup, un père n'a aucune responsabilité envers ses enfants. Néanmoins, j'admets qu'il se pourrait que ce dernier ait des devoirs envers ces derniers.

Un mari n'a aucune responsabilité envers sa femme. Par contre, il se pourrait qu'il ait des devoirs envers cette dernière. Une société n'a aucune responsabilité envers ses membres. Il se pourrait encore que les membres de l'ensemble social aient des devoirs envers eux-mêmes. À partir de la même logique, on pourrait dire qu'un jeune n'a aucune responsabilité envers un vieillard et ainsi de suite.

Ce qu'un individu pourrait concevoir ou même percevoir comme une responsabilité pourrait ne pas l'être en réalité. Quand une société ne répond pas aux attentes de ces membres, nous pourrions parler d'injustice. Toutefois, ce qu'une personne pourrait considérer comme juste, une autre pourrait ne pas le voir ainsi. Ce serait une justice injuste. C'est ça l'aspect subjectif du racisme dans un milieu social.

CHAPITRE XXI

UNE INJUSTICE JUSTE

CE QUI CARACTÉRISE UNE société équitable c'est la justice. Mais c'est quoi la justice, vous pourriez me demander ? Quand est-ce que quelque chose est juste ? Quand est-ce qu'un comportement est juste ? À partir de quels critères peut-on déterminer ce qui est juste et ce qui ne l'est pas ? Il y a plusieurs moyens d'arriver à une conclusion satisfaisante. La justice est une idée subjective.

La justice sociale est un fourvoiement. C'est un creux d'une vague. Un monde sans le racisme est un monde chimérique. Dans les milieux où le racisme est une norme inescomptable, la vie n'est que chimère.

Il faut tout de même qu'il y ait une balance entre la justice et son sosie (je veux dire l'injustice

LE RACISME ET LE SOCIALISME

elle-même). Sans quoi le racisme deviendrait une réalité *de facto* pour ceux-là qui ne peuvent pas se défaire de l'emprise du biotope social.

L'injustice deviendrait une norme irréfutable. L'injustice deviendrait un état de fait incontestable. Un état de déboire deviendrait une réalité inévitable et même un état excusable aux yeux de la justice.

Il y a des milieux où l'injustice fait rage. Il y a des endroits où le système social a été créé pour mettre fin à l'humanité de certaines personnes, et ceci à petit feu. C'est une lutte constante pour se libérer de l'emprise injuste du milieu social lui-même. Pourtant, se défaire d'un environnement caractérisé par une réalité injuste n'est pas aussi facile que vous puissiez l'imaginer.

Là où il y a de l'injustice, il y a de l'amertume. Là où il y a de l'amertume, il y a de l'exploitation. Là où il y a de l'exploitation, il y a le désespoir. Là où il y a le désespoir, il y a le chagrin. Là où il y a le chagrin, il y a la pauvreté. Là où il y a la pauvreté, il y a de l'antipathie. Là où il y a de l'antipathie, il y a le dédain. Là où il y a le dédain, il y a le mépris. Là où il y a le mépris, il y a la haine. Là où il y a la haine, il y a l'envieux. Là où il y a l'envieux, il y a l'odieux. Là où il y a l'odieux, il y a le racisme. Là où il y a le racisme, il y a le capitalisme. Mais de cet environnement malsain, nul ne peut s'en défaire sans y avoir fait.

Si l'on n'est pas parmi ceux-là qui infligent des injures à l'autre, on est celui dont les injures y sont dirigées. Si l'on n'est pas un actionnaire, on est un réactionnaire. Si l'on n'est pas une victime, on est surement un bourreau. Si l'on n'est pas celui qui offense, on est l'offensé. On est peut-être un tortionnaire hors pair dans cette instance matérielle.

Néanmoins, il y a toujours assez de raisons pour œuvrer en faveur de la justice. Il y a toujours assez de raisons pour éradiquer le racisme, même quand cela pourrait être une poursuite chimérique. Ainsi, il y a toujours assez de raison pour œuvrer contre le racisme.

Pour se refaire ou se reconstruire, cependant, on doit être toujours conscient de son état d'être dans le monde. Et oui, je dois le dire pourtant, nous sommes les esclaves de notre milieu social même dans l'action et dans l'omission. C'est ainsi, et ceci que vous le vouliez ou non.

LE RACISME ET LE SOCIALISME

CHAPITRE XXII

DÉPENDRE DE L'AUTRE

DANS UN MILIEU CAPITALISTE, l'être d'une personne est souvent dépendant de la discrétion d'une autre. Si une personne arrivait à percevoir une autre à partir d'une lentille myope, la chance de survie de l'autre pourrait être affectée d'une manière négative. L'autre pourrait ne pas (ou ne plus) avoir l'opportunité de s'épanouir dans le milieu comme tout le monde.

L'individu en question pourrait être puni pour tout et pour rien. Il pourrait être vilipendé. Il pourrait devenir un bouc émissaire du cercle social. Néanmoins, l'individu pourrait accepter sa réalité. C'est ça l'essence même du racisme.

Lorsque vous évoluez dans un environnement qui est de nature discriminatoire, votre état de bonheur ne reflètera jamais celui de ceux-là dont l'état de bonheur est garanti [ou contraint] par le même environnement. En substance, c'est ce qu'est le racisme dans son sens le plus fondamental, plus particulièrement dans un milieu capitaliste.

Il n'y a pas de racisme à moins que l'environnement social permette, d'une manière ou d'une autre, le développement ou la croissance d'une telle réalité. Pour reprendre une idée que j'avais déjà prononcée à travers les pages précédentes, lorsqu'un biotope quelconque permet au racisme de prendre racine, seuls ceux-là qui expérimentent cette réalité de façon quotidienne sont conscients de son existence. Cela ne signifie pas que le racisme n'existe pas sur une grande échelle. Pourtant, ceux qui en bénéficient ont tendance à le nier catégoriquement. Cela se comprend. Ils ne sont tout simplement pas concernés par cette réalité.

Il est avéré que le racisme est une chose humaine. Il est inhérent dans la nature. Partout où les hommes évoluent, le racisme ne peut que s'y trouver. Cependant, le milieu social doit créer le mécanisme pour restreindre des comportements qui pourraient nuire à l'individu, tout aussi bien qu'à la collectivité.

Tout comme l'espèce humaine a évolué dans la nature, le racisme a évolué de façon organique au sein de l'humanité. Le racisme est toujours présent chez l'homme. Donc, on ne peut qu'atténuer le racisme. Nous ne pourrions jamais éradiquer ce fléau indéniable et indomptable dans le monde des hommes.

La modernité est l'ennemi du genre humain. Souvent, elle donne lieu à un état normal de déshumanisation. Cet état d'être, une fois initié, devient une réalité perpétuelle. Même l'être a souvent tendance à se déshumaniser lui-même.

C'est précisément ce que symbolise le capitalisme. C'est le profit à tout prix, et ceci même au prix de son humanité. On devient aveugle. On ne vit que pour soi.

On ne répond qu'à ses désirs inhérents d'être hédoniste et même égoïste. On contribue à la destruction de la race humaine, même quand c'est peu à peu. Cependant, on cherche à préserver la sienne. Ça, c'est une grossièreté.

Ceux qui voient leur monde et le monde d'autrui à partir de cette optique sont la risée du monde. Ils sont aussi la risée de toute une race. Dans ce cas, je veux parler de la race humaine.

Ils se croient invincibles. Mais cette invincibilité, s'il existait, serait le produit d'un monde tyrannisé par un système monétaire (le dollar) ou par le pouvoir d'achat de certains sur d'autres. Leur invincibilité, s'il existait, serait précaire ou peut-être éphémère.

Toute idée de supériorité dans le monde est relative à l'acceptation de la classe asservie à sa réalité abstruse. Toutefois, leur déshumanisation rend précaire la race humaine, et ceci dans son intégralité. Un capitaliste peut tout avoir sauf l'essence de celui qui évolue sur l'emprise de sa domination. Un capitaliste peut tout avoir sauf l'âme bramée de son subordonné.

Celui qui est sous l'emprise économique d'un capitaliste œuvrera toujours pour sa liberté. Mais cette lutte requiert souvent de la violence soit contre soi-même ou contre l'autre. C'est pourquoi le capitalisme est un problème majeur pour la paix individuelle. C'est de même pour la paix collective.

Sans un souci fondamental (ou même sincère) pour l'autre, il n'y a pas d'avenir certain pour nous tous en tant qu'espèce. Ainsi, nous sommes voués à un effondrement social, et ceci tôt ou tard. Le racisme est la perversion mentale qui nous empêche de voir cette réalité. Le racisme nous empêche d'appréhender notre destin funeste dans le monde.

Plus on se rapproche des machines, le plus loin que nous naviguons à la dérive de notre humanité. Le plus loin que nous nous éloignons de notre humanité, le plus que nous nous éloignons de la réalité de notre espèce dans le monde. C'est ça, je dirais, qui est la nature du racisme. C'est là, je dirais aussi, que réside l'essence de notre ignorance à propos du sujet.

LE RACISME ET LE SOCIALISME

CONCLUSION

POUR QUELQUES RAISONS que ce soit, l'homo sapiens nourrit une peur ardente pour son homologue. Pour ainsi dire, nous éprouvons une frayeur ardente les uns les autres. Nous nourrissons une haine assez aiguillonnant comme ça de l'autre. Nous sommes à un point où nous ne voyons plus l'autre comme un homme animé de vie et de désir comme nous.

De notre point de vue opaque, l'autre est un étranger. Il est un extraterrestre. Il n'a pas un cœur comme nous autres. Bien sûr, ce point de vue est une façon absurde de s'examiner de façon introspective.

La société a fait de nous des petites choses insignifiantes, plutôt que des personnes animées par un esprit divin. Notre existence est souvent liée à l'inexistence d'autrui. Cette réalité sociale fermente la nécessité pour que le racisme prospère et fleurisse à long terme. Bien des fois, nous devons devenir des inhumains afin de maintenir notre humanité.

Cet état d'être dans le monde crée les moyens pour que la haine de l'autre fasse partie de notre réalité quotidienne. Les conditions de vie deviennent propices pour que le racisme fasse partie des principes sociaux. C'est ainsi que le racisme a pu prendre racine dans notre monde.

La matérialisation de la vie rend précaire la vie elle-même. Cela va aussi à l'encontre de toute idée d'avoir une société pour garantir l'avancement de la race humaine. En effet, nous sommes plutôt devenus des sauvages civilisés.

Au cours des dernières années, le racisme a subi une mutation d'une manière que peu de gens peuvent comprendre. Les dommages causés par ce phénomène peuvent être visibles à un point où même un aveugle pourrait les voir. Pourtant, nous avons tendance à les nier. Est-ce la mauvaise foi ? Je ne le sais pas. Ou du moins, je n'en suis pas sûr.

CONCLUSION

Je reconnais que le racisme est un peu complexe comme ça. Ce fléau est un façonnage extrêmement compliqué d'être dans le monde. Ceci étant dit, le racisme peut s'expliquer conformément à la façon dont nous respirons.

Le racisme est d'abord le reflet du dégout que l'homo sapiens ressent pour soi. C'est un rejet qu'il exprime à travers son homologue. Le racisme c'est le reflet d'une poursuite fictive vers la perfection de l'humanoïde.

Ne pouvant pas atteindre cet état de nirvana ou de pureté, l'homme se rejette. Il s'abdique. Il se refuse. Il s'abandonne. Il se relâche.

Le racisme c'est un peu comme de l'air que nous inhalons dans la nature. Sa présence pourrait également restreindre notre existence d'une façon similaire à la manière dont nous pourrions réagir si nous étions à bout de souffle. Oui, le racisme est assez nocif comme ça. Le racisme est même mortel. Ainsi, accepter le racisme c'est comme se fustiger soi-même une peine de mort.

LE RACISME ET LE SOCIALISME

À PROPOS DE L'AUTEUR

BEN WOOD JOHNSON, PH.D.

Le Dr Johnson est un observateur social. Il est un chercheur multidisciplinaire. Il écrit sur la philosophie, la théorie juridique, la politique publique et étrangère, l'éducation, la politique, l'éthique, les affaires de race et le crime.

Le Dr Johnson est diplômé de l'Université de Pennsylvanie et de l'Université de Villanova. Il est titulaire d'un doctorat en leadership éducatif, d'une maitrise en science politique, d'une maitrise en administration publique et d'un baccalauréat en justice pénale.

Le Dr Johnson a travaillé comme agent de police et dans d'autres aspects dans le domaine du maintien de l'ordre. Il est un ancien élève du Collège John Jay de justice pénale.

Le Dr Johnson parle couramment plusieurs langues, y compris, mais sans s'y limiter, le français, l'espagnol, le portugais et l'italien. Le Dr Johnson aime aussi la lecture, la poésie, la peinture et la musique. Vous pouvez contacter le Dr Johnson en utilisant les informations ci-dessous.

Eduka Solutions
330 W. Main St #214
Middletown, PA 17057

Émail Adresse : benwoodjohnson@gmail.com

Pour savoir plus sur l'auteur, visiter ses profils sur les réseaux sociaux. Pour savoir plus sur ses travaux, accédez aux plateformes de médias sociaux suivantes.

Twitter : @benwoodpost
Facebook : @benwoodpost
Blog : www.benwoodpost.com
Site web : www.drbenwoodjohnson.com
Librairie : www.benwoodjbooks.com

AUTRES PUBLICATIONS

Autres livres par Ben Wood Johnson

1. Racism: What is it?

2. Sartrean Ethics: A Defense of Jean-Paul Sartre as a Moral Philosopher

3. Jean-Paul Sartre and Morality: A Legacy Under Attack

4. Sartre Lives On

5. Forced Out of Vietnam: A Policy Analysis of the Fall of Saigon

6. Natural Law: Morality and Obedience

7. Cogito Ergo Philosophus

8. Être Noir : Quel Malheur

9. International Law: The Rise of Russia as a Global Threat

10. Citizen Obedience: The Nature of Legal Obligation

11. Jean-Jacques Rousseau: A Collection of Short Essays

12. L'homme et le Racisme : Être Responsable de vos Actions et Omissions

13. Pennsylvania Inspired Leadership : A Roadmap for American Educators

14. Adult Education in America: A Policy Assessment of Adult Learning

15. Striving to Survive: The Human Migration Story

16. Postcolonial Africa: Three Comparative Essays about the African State

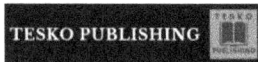

TESKO PUBLISHING

LE RACISME ET LE SOCIALISME

Vous pouvez trouver d'autres travaux par le Dr Ben Wood Johnson en visitant son blog.

MY EDUKA SOLUTIONS

www.benwoodpost.com

TESKO PUBLISHING

www.teskopublishing.com

AUTRES PUBLICATIONS

INDEX

Abandonne, *173*

Abdiquer, *40, 58, 83, 173*

Abnégation, *124*

Absence, *2, 95*

Absolu, *103*

Abstenir, *3, 40, 154*

Abstruse, *72, 168*

Absurdité, *140*

Accrocheur, *81*

Acquérir, *31, 67, 73, 87*

   Acquérir la paix, 31

Acquise, *34*

Acquisition, *104*

Action (Voir aussi : Omission)

Adule, *67*

Affirmerais, *87*

Africaine, *133*

Agenda, *125*

Agglomération, *94*

Agressif, *81*

Aliénation, *11*

Altérités, *139*

Alternative, *80, 125*

Âme, *10, 12, 33, 35, 59, 72, 94, 115,*
   141, 168

Amérique, *102*

   Américain, 101

Amertume, *160*

Amétrope, *115*

Ancestrale, *18, 49, 73*

Animal, *11, 57*

Antagoniste, *3*

   Antagonique, 8, 33

   Antagonisme, 67

Antidote, *79, 95*

Antipathie, *41, 160*

Antisocial, *79, 125*

Antisocialiste, *89–90, 93, 107, 109, 115*

Apaisement, *33, 60*

Apartheid, *82*

Apathie, *33, 81*

Aphorisme, *60*

Apoplexie, *79*

Appréciation, *48, 50*

Apprentissage, *12*

Aptitudes, *132*

Arbitraire, *24, 138*

Arrivisme, *116*

Artificiel, *68*

Asservissement, *94*

Assujettissement, *94, 103*

Atmosphère, *3, 59, 68, 82, 94, 132*

Autochtone, *1*

Autonomie, *154*

Bagarreur, *81*

Barbare, *58, 117*

   Barbarie, 11

Bénédiction, *133*

181

INDEX

Bénéficiaire, 25
Bénéfique, *68*
Bestialité, *117*
Bête, *3, 40, 71*
Biaisé, *101, 124*
Bienfaisance, *11*
Bienveillance, *11*
Biotope, *7, 19, 25, 39, 60, 82, 115, 147, 160, 166*
Blanc, *113, 115, 133, 140–41*
    Blanche*, 118, 139*
    Caucasienne*, 118*
Bonheur, *79, 94, 165–66*
Bonté, *12*
Borné, *60, 147*
Bourgeois, *93*
Bourreau, *80, 161*
Bravade, *40*
Breuvage, *88*
Bridé, *19, 66, 103, 131–32, 153*
Bridée, *103, 116*
Brocanter, *124*
Brutal, *82*
Cage, *147*
Calamité, *2, 24, 66*
Cannibales, *57*
    Carnivores*, 57*
Capable, *19*
Capacité, *127, 131*
Capitalisme, *60, 93, 95, 101, 107–9, 115–17, 155, 161, 167–68*
    Capitaliste*, 93, 95, 102, 107–8, 116–17, 133, 155, 165–66, 168*
Caprices, *116, 141, 147–48*
    Capricieuse*, 23, 31, 93, 131–32*
Chagrin, *160*
Champ égal, *65, 132*
Chaotique, *80*
Chasseur, *58–59, 104, 156*
    Gibiers*, 58–59*
Châtiment, *43*
Chauviniste, *10*
Chimère, *9, 159*
    Chimérique*, 31–32, 67, 80, 153, 159, 161*

Choix, *117, 155*
Civilisé, *43, 80, 172*
    Civilisation*, 18, 58, 71*
Cloitré, *67, 102*
Coercitif, *155*
Cœur, *12, 33, 35–36, 90, 171*
Cogito, *177*
    Cogito ergo philosophus*, 177*
Collectif, *35, 39, 42, 60, 66, 68, 80, 82, 88, 108, 117, 149, 168*
    Collectivité*, 31, 40, 50, 80–81, 87, 89, 108–9, 147, 154–55, 167*
Colonialisme, *139*
Communauté, *125*
Complexe, *173*
Comportement, *1, 11, 31, 39–40, 49–51, 114, 159, 167*
Concept, *2, 4, 12, 66, 71, 74, 101, 118*
Conflit, *42*
Conforme, *58, 154*
Conjoncture, *7, 67–68, 72, 104, 107, 113–14, 126, 148, 150*
    Conjoncturel*, 1, 24, 47–50, 68*
Conscient, *11, 102, 124, 161, 166*
    Consciencieux*, 9*
Contrecarrer, *81*
Couleur, *73, 118*
    Basané*, 125, 140*
    Couleur de sa peau*, 73*
Coups, *80, 116*
Courageux, *90*
Courber, *148*
Couvaison, *8*
Creux, *12, 159*
Crime, *175*
Culture, *18, 142*
    Culturelle*, 44, 49, 141*
Cutané, *47, 126*
Danger, *40–42, 59*
    Dangereux*, 148*
Débat, *59*
Déboire, *25, 150, 160*
Déceptions, *10*
Dédain, *3, 8, 33, 41, 43, 67, 80, 83, 160*
Défaillance, *150*

LE RACISME ET LE SOCIALISME

Délinéation, 48

Démarche, 150

Dénaturalisation, 51

Déséquilibre, 60

Désespoir, 160

Déshumaniser, 167

Déshumanisation, 51, 167–68

Desiderata, 71

Désir, 3, 12, 31, 59, 93, 117–18, 139, 167, 171

Désobligeance, 11

Destin, 20, 67, 147, 169

Désuétude, 11

Déveine, 20

Dévergondé, 8, 126

Devoir, 155

Diabolique, 11

Diatribe, 4

Dieu, 18, 33, 67, 94, 133

Dignité, 36

Dilapidation, 82

Discrétion, 165

Discrimination, 3, 17, 20, 23, 43, 48–50, 82, 117, 155

Discriminations, 126

Discriminatoire, 51, 141, 155, 165

Distinction, 127

Distingue, 4, 9, 48, 118

Dogmatique (Voir aussi : Dieu)

Domaine, 25, 175

Domestiquer, 67

Dominant, 133, 141

Domination, 168

Dominé, 148

Droit, 24, 115, 125

Duper, 123

Échéant, 139, 155

Économique, 44, 51, 61, 73, 79, 94–95, 168

Écosystème, 73, 82, 109, 117, 126, 132, 153

Écrit, 102, 175

Éducation, 175

Éducatif, 175

Effet, 7, 12, 17, 20, 42, 81, 88, 95, 102, 109, 117, 126, 140–41, 172

Effigie, 34

Égal, 35, 65, 67, 72, 115, 132

Égalité, 12, 35, 53, 57, 61, 65–68, 71–73, 88, 115, 117, 133

Égalitaire, 68, 155

Égide, 66

Égocentrisme, 73

Égoïsme, 72–73, 167

Élan, 4

Élémentaire, 50

Élève, 176

Éloquence, 51

Élucider, 101, 123

Émissaire, 165

Empêche, 32, 103, 140, 169

Empirique, 138

Emprise, 25, 39, 59, 148, 154, 160, 168

Emprisonné, 116

Émulation, 67

Encourage, 108, 125

Encouragé, 73

Encouragent, 33

Endroit, 3, 42–43, 88–90, 94, 102–3, 109, 160

Enfants, 156

Ennemi, 33, 167

Ennui, 114, 126

Entente, 68

Envie, 59

Environnement, 3, 7, 25, 35, 42, 60, 66, 68, 73–74, 79, 93, 95, 102, 108, 115, 131–33, 138, 141, 149, 155, 160–61, 165–66

Épanouir, 165

Épanouissement, 133

Éphémère, 66, 104, 131, 168

Épidémie, 90

Épidermique, 48–49, 109, 113–14, 133, 137

Éprouve, 3, 40

Équité, 115, 138, 147

Équilibre, 35

Équitable, 73, 115, 159

INDEX

Équivoque, *50, 89*
Erreur, *8*
Erronée, *90, 108*
Esclaves, *161*
   Esclavage, *103*
Espèce, *47–48, 51, 59, 66, 107, 109, 148, 167, 169*
Essence, *2, 19, 35, 51, 68, 73, 79, 93, 109, 115–16, 132, 165, 168–69*
Établir, *101, 127, 154*
Éteindre, *125*
Étendard, *25*
Éthique, *175*
Ethnique, *18, 48, 133, 139*
   Ethnocentrique, *141*
   Ethnocentrisme, *141*
Étranger, *171, 175*
Évasive, *150*
Évènement, *1*
Évidente, *24, 114*
Exactions, *81*
Examen, *2, 50*
Exclusion, *3, 23, 43, 48–50, 117*
Existe, *7, 49, 72, 125, 166*
Existentiel, *114*
Exogène, *154*
Explication, *67*
Exploitation, *116, 160*
Exploration, *2*
Explosion, *41*
Extinction, *140*
Extraterrestre, *171*
Façonnage, *49, 173*
Faiblesse, *11*
Fataliste, *51*
Fatidique, *20, 36, 42*
Femme, *156*
Fermentation, *80*
Fermente, *36, 68, 108, 172*
   Fermenter, *43, 80*
Féroce, *3, 71, 82*
Fétiche, *52*
Fibres, *11*
Fictive, *65, 173*
Flagrante, *41*

Fléau, *4, 7, 17, 33, 42, 50, 113, 118, 124, 126, 137, 140, 167, 173*
Fondamental, *4, 66–67, 73, 108, 133, 166, 168*
   Fondamentaux, *73*
Fondement, *115*
Force, *7, 49, 80*
   Forcé, *103*
Fourvoiement, *32, 159*
Français, *176*
Fulgurant, *4*
Funeste, *169*
Fustiger, *124, 173*
Gagner, *116*
Génétique, *137*
Gibier (Voir aussi : Chasseur)
Global, *32, 42, 108, 123, 178*
Grandeur, *34*
Gré, *7*
Grossièreté, *167*
Groupe, *18, 41, 82, 94, 114, 118, 132–33, 139, 141*
   Groupuscules, *133*
Haine, *3, 33, 36, 41, 43, 67–68, 80, 83, 160, 171–72*
   Haineux, *102*
Hardi, *94*
Harmonisent, *90*
Hasard, *8, 20*
Hédoniste, *72, 167*
Hégémonique, *139*
Héritiers, *18*
Hiérarchique, *114*
Hominiens, *23, 59, 67, 72, 137*
Homo, *3, 8–12, 23, 34, 57, 60, 71, 89, 103, 140, 171, 173*
   Homo sapiens, *3, 8–12, 23, 34, 57, 60, 71, 89, 103, 140, 171, 173*
   Naissance, *8–9, 11*
Homologue, *3–4, 8, 66–67, 153, 171, 173*
Horodatage, *138*
Humain, *2, 7, 18–19, 34–35, 47, 51–52, 57, 59, 65–67, 72, 90, 102–3, 107,*

LE RACISME ET LE SOCIALISME

109, 113, 118, 123, 137–39, 150,
    166–68, 172
Humanisme, 2–3, 23, 90, 108
Humanité, 61, 66, 68, 72–73, 89–90,
    104, 109, 137, 140–41, 160, 167,
    169, 172
Humanoïde, 3, 10, 12, 43, 51, 59, 71,
    173
    Hominoïde, 140
Humilité, 43
Hypocrites, 140
Idéal, 18, 32, 79
    Idéaux, 88, 109, 116, 132
Identiques, 81
Identité, 9
Idéologie, 79
    Idéologique, 60, 101
Idoine, 65
Ignorance, 59, 74, 148, 169
Illusion, 88
Illusoire, 104, 148
Imbibé, 3
Immatérielle, 109
Immigrants, 94
Imminente, 40–41
Immortaliser, 104
Impardonnable, 89
Impérialisme, 139
Implications, 89
Implosion, 41
Impossibilité, 149
Imprégné, 3
Impudique, 8–9, 20, 43, 116, 137
Inacceptation, 51
Incapacité, 79
Incite, 3, 11, 23, 39, 80
Inclusion, 23
Inconcevable, 83
Incongruité, 47
Inconséquent, 20
Incontournable, 7, 42, 88, 94, 109
Incontrôlable, 42
Incurable, 90
Indéniable, 40, 42–43, 58, 61, 67, 82,
    109, 167

Indépendance, 9
Indépendantes, 31
Indigènes, 142
Indissociable, 7
Individu, 20, 35–36, 39–41, 49, 73, 80–
    82, 87, 108–9, 118, 132, 147–48,
    150, 155–56, 165, 167
    Individualité, 72, 154
    Individuel, 31–32, 35–36, 41, 66, 68,
        80, 82, 88–89, 108–9, 117, 168
Indomptable, 167
Indulgence, 74
Inégalité, 80
Inescomptable, 43, 83, 159
Inexistence, 172
Inexorablement, 41
Infâme, 39, 155
Infamie, 33, 41
Infatigable, 32
Ingrat, 94
Inhérence, 17, 113
    Inhérent, 9–11, 17, 58, 118, 155,
        166–67
Inhumains, 33, 103, 172
Injures, 161
Injuste, 149–50, 153, 156, 160
    Injustice, 25, 33, 83, 88, 116, 149–
        50, 153, 156, 159–60
    Justice, 32–33, 87, 89, 143, 149–
        50, 153, 156, 159–61, 175–76
Insensé, 148
Insignifiantes, 171
Insinue, 34, 88, 101, 154
Insouciance, 72
Instinct, 1, 57–58, 117
Instinctifs, 3, 71
Institutionnel, 89, 114
Instrument, 41
Intellectuel, 34, 60, 73, 107, 123–25,
    138
Intention, 81, 124
Intérêt, 68, 139
Interne, 51
Interraciale, 47
Intolérance, 41, 43

185

INDEX

Intrinsèque, *8, 23, 72, 108, 118*
Irréversible, *41, 89, 102*
Isolation, *11*
Jean-Paul (Voir aussi : Sartre, Jean-Paul)
Jeune, *156*
Joujou, *24*
Jungle, *59, 80, 117*
Juridique, *9, 19, 40, 175*
Justification, *67*
Justifie, *74, 138*
Juxtapose, *2–3, 90*
Labeur, *94, 116*
Légale, *19, 40*
Légitimité, *148*
Lentille, *4, 48, 73, 88, 90, 95, 115, 133, 140–41, 154–55, 165*
Liberté (Voir aussi : Libre)
Libre, *20, 80, 103–4, 132, 148, 168*
  Libérer, *160*
Liesse, *57*
Limiter, *132, 176*
  Limitations, *40*
Liquidation, *82*
Logique, *95, 156*
Longanimité, *11*
Macabre, *114, 150*
Machine, *57, 83, 169*
Magique, *60*
Magnanimité, *11, 67*
Mainmise, *19, 154*
Majoritaire, *141*
Mal, *25, 127, 150*
  Maladie, *41, 72, 89, 94*
Malaise, *17, 41, 74, 90*
Malchance, *20*
Malédiction, *89*
Maléfique, *9, 25*
Malencontreux, *20*
Malheur, *12, 20, 32, 59, 94, 113, 117, 125, 177*
Malices, *52, 58, 87*
Malsain, *12, 43, 161*
Malveillant, *25*
  Malveillance, *11, 25*

Mammifères, *57*
Manifestation, *40*
Maoïsme, *60*
Marginal, *48*
  Marginalisation, *82*
  Marginalisé, *82, 125*
Marronnage, *123*
Martyrs, *58*
Matériel, *2, 104, 161*
  Matérialisation, *25, 172*
  Matérialisée, *8, 32–33*
  Matérialité, *59*
Mauvais, *12, 68, 90*
  Mauvaise, *125, 172*
Maux, *17, 59–60, 74, 89, 95, 117, 124*
Mécanisme, *23, 39, 41, 83, 103, 107, 114, 124, 138, 166*
Méchanceté, *11, 94, 125*
Mélancolie, *25*
Menace, *3, 41–42, 82, 125, 140*
Mentale, *17, 19, 34, 103, 131, 147, 169*
Méphistophélique, *124*
Mérite, *24*
Mijoter, *35*
Misère, *88, 93*
Mobilité, *68, 93*
Moderne, *51, 72, 133*
  Modernisé, *94*
  Modernité, *167*
Mondaine, *72, 126*
Monétaire, *168*
Moral, *9, 19, 34, 39, 177*
  Morality, *177*
Moralistes, *81*
Mort, *33, 138, 173*
Mortel, *59, 89, 107, 173*
Musulmans, *94*
  Arabe, *94*
Mutation, *172*
Myope, *165*
Mystère, *126*
Mythologique, *108*
Natal, *102*
Natif, *1*

LE RACISME ET LE SOCIALISME

Nature, *2, 4, 9, 11, 17–18, 20, 33–34, 40, 48–49, 51, 58, 61, 65–66, 71–72, 95, 118–19, 123, 127, 131–32, 138, 153, 155, 165–67, 169, 173, 178*
    Naturel, 1, 7, 10, 19, 47–48, 50–51, 57–58, 65, 67, 72, 114, 118, 123, 126, 132, 137
Néant (Voir aussi : Sartre, Jean-Paul)
Néfaste, *17, 42, 60–61, 109*
Noblesse, *33–34*
Nocif, *40, 58, 103, 173*
Noire (Voir aussi : Race)
Norme, *42, 149, 159–60*
    Normal, 113, 127, 149, 167
Objet, *23, 26, 115*
    Objectif, 67, 115
Obligation, *74, 81, 178*
Observateur, *175*
Occidentale, *93–94, 102, 107*
Omission, *81, 161, 178*
Opiniâtreté, *107*
Opprimant, *132*
Opus, *107*
Ordinaire, *66, 124*
Ordre, *65, 154, 176*
Organique, *167*
Origine, *4, 18, 49, 73, 94, 113, 118, 123, 133*
    Origine du racisme, 123
Outil, *83*
Ouvertement, *149*
Ouvrage, *114, 153*
Pacifique, *34, 59*
    Pacifisme, 87
Paix, *27, 31–36, 39–42, 79–80, 87–89, 108, 168*
    Aristocratie, 34
Palliatif, *79*
Palpable, *33, 59, 114*
Paradoxale, *2*
Parcimonieux, *116*
Paternité, *139*
Pathétique, *72*
Pathologie, *72*
Peau, *73, 118*

Péjoratives, *124*
Pénale, *175–76*
    Pénalisé, 147
Pénitence, *25*
Pensée (Voir aussi : Force)
Perception, *50*
Père, *156*
Pérennise, *12, 35–36, 39, 58, 74, 80, 87, 114*
    Pérennisation, 36
Perfection, *173*
Péril, *40*
Personne, *3, 31–33, 50, 60, 72, 94, 108–9, 118, 125–26, 132–33, 137, 150, 156, 160, 165, 171*
    Personnel, 43, 125
Persuasion, *83*
Perversion, *169*
Peur, *10–11, 83, 89–90, 141–42, 171*
Phénomène, *2, 42, 49, 51, 113, 123–24, 139, 141, 172*
Philosophie, *175*
    Philosophes, 60
    Philosophus, 177
Physique, *48, 125, 131*
Politique, *79, 175*
Potentielle, *18*
    Potentialité, 1, 8, 10, 12, 65–66, 89, 114, 117
Pratique, *47, 65, 123*
Précaire, *18, 68, 141, 168, 172*
Préconise, *33, 36, 89, 108, 114*
Préjudice, *88*
Prémuni, *19*
Prestige, *33–34*
Prétexte, *41*
Problématique, *109, 138, 153*
Prolétarienne, *93*
Propagateurs, *118*
Prophétique, *20*
Propice, *50, 172*
Puni, *165*
Quémander, *94*
Querelle, *67*

187

INDEX

Question, *7, 18, 23, 43, 49, 82, 101,*
113–14, 117, 131, 138–39, 153, 165

Quête, *9, 12, 27, 32, 66–67, 87, 103, 142*

Quiétude, *36*

Quotidienne, *10, 166, 172*
Quotidiennement, 18

Race, *17–18, 23, 47, 51, 57, 67, 82, 90,*
113–15, 118, 133, 138–40, 150,
167–68, 172, 175
Racial, 3, 17, 20, 43, 48, 50, 115,
118, 132, 139, 141

Racine, *166, 172*

Racisme, *1–2, 4, 7–12, 17–18, 20, 31,*
33, 36, 39–44, 47–52, 68, 74, 79–80,
82–83, 87–88, 90, 93, 95, 101, 104,
107–9, 113–14, 117–19, 123–27,
133, 137–42, 149, 153, 156, 159–61,
165–67, 169, 172–73, 178

Raciste, *1, 7–9, 26, 40, 43, 49–50, 114,*
137

Radicale, *101, 139*

Radin, *116*

Réactionnaire, *161*

Récalcitrant, *81, 83*

Réclusion, *103*

Règles, *23*

Relâche, *109, 173*

Remède, *4*

Répercussions, *79*

Ressentiment, *10, 116, 139*

Restrictions, *9, 40*

Réticence, *10*

Rigidité, *149*

Rudimentaire, *48*

Salubrité, *67*

Sapiens (Voir aussi : Homo - Homo
sapiens)

Sartre, Jean-Paul, *20, 34, 177*
Existence, 10, 18–20, 114, 138, 141,
150, 166, 171, 173

Sauvage, *40, 80, 172*
Sauvagerie, 11, 58, 117

Seigneur, *40*

Semences, *43*

Sentiment, *1, 8–12, 24, 43, 116, 139*

Séquestré, *132*

Sérénité, *12, 35–36*

Siècles, *60*

Social, *2–3, 7, 9, 12–13, 17–19, 23–26,*
33–36, 39–44, 48, 50–53, 57–61, 65,
67–68, 71–74, 79–83, 87, 90, 93, 95,
102–3, 107–9, 113–17, 123–26,
132–33, 138–39, 141–43, 147–50,
153–56, 159–61, 165–66, 169, 172,
175–76
Socialisme, 2, 4, 60–61, 79, 87–90,
94–95, 101, 107, 109, 115, 117,
155
Socialiste, 75, 89–90, 94, 117, 132,
155
Société, 2–3, 17, 24–25, 35–36, 39,
41, 51, 59, 72–73, 79–82, 90,
102–3, 107, 114, 116–17, 123,
126, 147–48, 156, 159, 171–72

Socioéconomique, *4, 95*

Sociologique, *73*

Soumise, *31, 141*

Sournoise, *124*

Statut, *34, 73, 141*

Stratifié, *133, 141, 155*
Stratification, 133, 138

Stratifions, *138*

Subordonné, *168*

Subsister, *19*

Succombe, *3, 12, 116*

Supérieur, *137*
Supériorité, 66, 137–38, 148, 168

Suprême, *4*
Suprématie, 139

Surnaturel, *71*

Surréelle, *126*
Surréaliste, 32, 87–88

Survivre, *131–32*
Survie, 3, 8, 49, 58, 82, 116, 131–32,
165

Susceptible, *11*

Symbole, *25, 33–34, 167*

Symptôme, *41*

Système, *160, 168*

Tangible, *95, 104, 109, 117, 140*

188

LE RACISME ET LE SOCIALISME

Tardives, *43*

Technologique, *57*

Tertiaire, *72–73*

Théorie, *60–61, 65, 175*

Thérapeutique, *88*

Tortionnaire, *161*

Tragédie, *60, 103, 150*

Tragicomique, *67, 104*

Transgression, *72, 89*

Tremplin, *34, 40*

Tyrannisé, *168*

Ultime, *40*

Union, *68*

Univers, *3, 18, 35, 81*

   ***Universelle**, 114, 155*

Urbanisme, *58*

Utopique, *31, 67*

Vague, *61, 159*

Valeur, *23, 73, 108, 133, 138–39*

Validation, *67*

Vanités, *104*

Vassalité, *139*

Végétabilité, *79*

Végétatif, *57*

Véhémence, *101*

Vénéré, *73, 93, 116*

Verdir, *58*

Vérité, *139*

Vertu, *34*

Vicissitudes, *108*

Victime, *74, 80, 161*

   ***Victimaire**, 58, 133, 140–41, 147,*
      149

Vieillard, *156*

Vilipendé, *147, 165*

Volontés, *3*

INDEX

www.ingramcontent.com/pod-product-compliance
Lightning Source LLC
Chambersburg PA
CBHW030331270326
41926CB00010B/1586